Das große

Espadrilles

IDEENBUCH

Empfohlen von Prym

Das große

Espadrilles

IDEENBUCH

Aus Sohlen, Stoffen, Wolle und mehr individuelle Schuh-Mode selber machen

Inhaltsverzeichnis

Grundlagen & Techniken

Grundlagen & Techniken

Espadrilles-Modelle lassen sich auf vielseitige Art und Weise herstellen. Die in diesem Buch vorgestellten Modelle wurden mit unterschiedlichsten Techniken angefertigt: Nähen mit der Hand, Nähen mit der Nähmaschine, Häkeln, Stricken, Flechten oder mit der Strickmühle. Die jeweilige Technik erkennen Sie an den folgenden Symbolen auf den Anleitungsseiten:

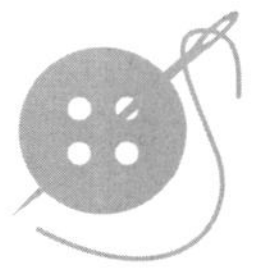
Nähen mit der Hand

Nähen mit der Nähmaschine

Häkeln

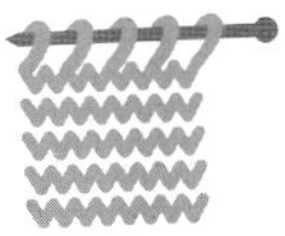
Stricken

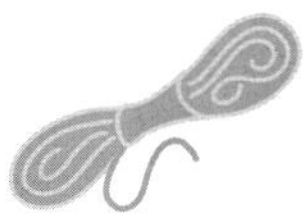
andere Technik

Die Grundtechniken werden erläutert, alle Anleitungen präzise erläutert und zum Teil an Stepfotos verdeutlicht.

Generelle Grundkenntnisse in den jeweiligen Techniken werden zwar vorausgesetzt, dennoch bieten die Modelle sehr viele Möglichkeiten für Anfänger. Den Schwierigkeitsgrad erkennen Sie an folgenden Symbolen:

leicht

mittel

schwer

Basiswissen Sohlen

Größen

Espadrilles-Sohlen der Firma Prym sind in folgenden Größen erhältlich:

* Kinder: 26/27 bis 35/36 EU
* Erwachsene: 37 bis 45 EU

Eigenschaften der Prym-Sohlen

Prym-Espadrilles-Sohlen haben durch die deutliche Rechts-Links-Ausprägung im Gegensatz zu einigen anderen Sohlen eine sehr gute Passform. Das Obermaterial der Sohlen besteht aus Jute, die Sohle ist durchgängig gummiert und besitzt ein Profil, das macht sie rutsch- und wetterfest.

Die richtige Sohlengröße

Sie müssen zunächst Ihre exakte Schuhgröße ermitteln, am besten mit folgender Formel:

(Fußlänge in Zentimetern + 1,5 Zentimeter) · 1,5

Beispiel:
(23 cm + 1,5 cm) · 1,5 = 36,75

Wenn Sie, wie in dem Beispiel, zwischen zwei Sohlengrößen liegen, hängt die Entscheidung für die passende Sohlengröße maßgeblich von zwei Faktoren ab: zum einen von der Fußform, zum anderen von der Art der Verarbeitungstechnik, für die Sie sich entscheiden.

1. Fußform:
Bei einem schmalen Fuß können Sie sich für Sohlengröße 36 entscheiden, bei einem breiten Fuß für Größe 37.

2. Verarbeitungstechnik:
Entschließen Sie sich für einen ringsum geschlossenen Stoffschuh, der mit dem Festonstich verarbeitet wird, wählen Sie die größere Sohle.

Bei einem Modell, das knappkantig auf die Außenkontur der Sohle genäht wird, ist die kleinere Sohlengröße besser geeignet.

Grundschnitt und Schnittvariationen

Der Grundschnitt

Die Espadrilles-Grundschnitte finden Sie auf den Seiten 88 bis 91 im Maßstab 1:1 für alle Größen. Der Basisschnitt besteht aus 2 Teilen, dem vorderen Fußteil und dem hinteren Fersenteil.

Anpassen des Grundschnitts

Da Füße oft sehr unterschiedlich ausfallen, schmaler oder breiter, mit höherem oder niedrigem Spann etc., empfiehlt es sich, vorab ein Muster aus einem Stoffrest anzufertigen und den Schnitt eventuell anzupassen. Dies lässt sich ganz leicht bewerkstelligen:

* Verbreitern/Verschmälern:
  Den Schnitt längs einschneiden, auseinanderziehen oder zusammenschieben.

* Verlängern:
  Den Schnitt quer durchneiden und auseinanderschieben. Die neue Außenkontur angleichen.

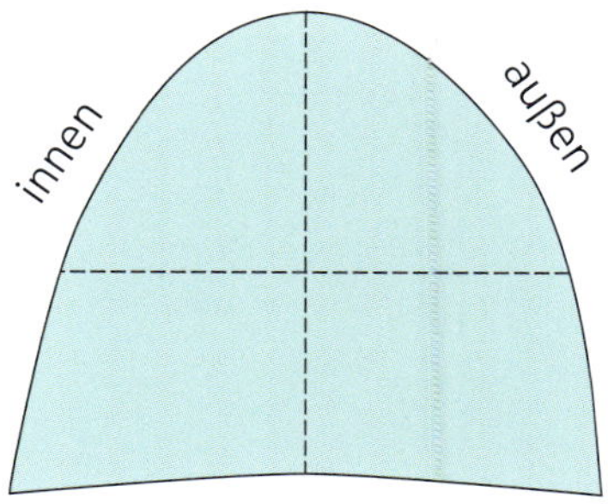

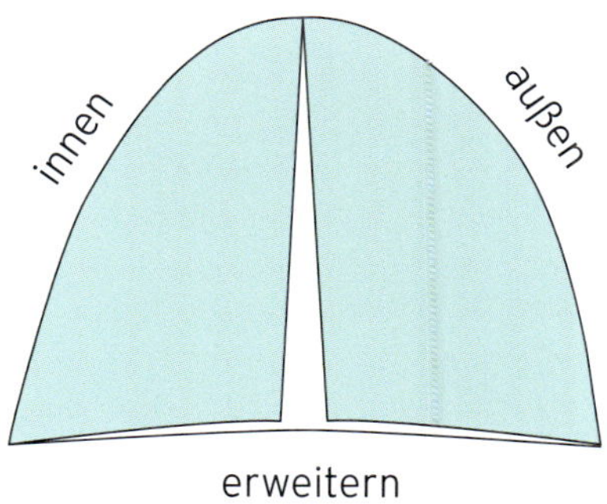

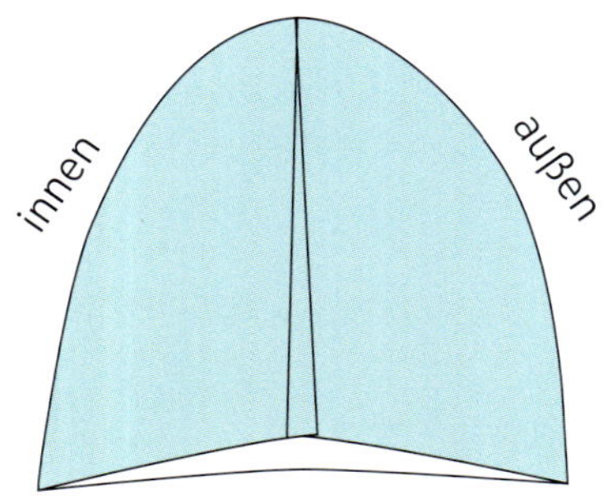

verschmälern

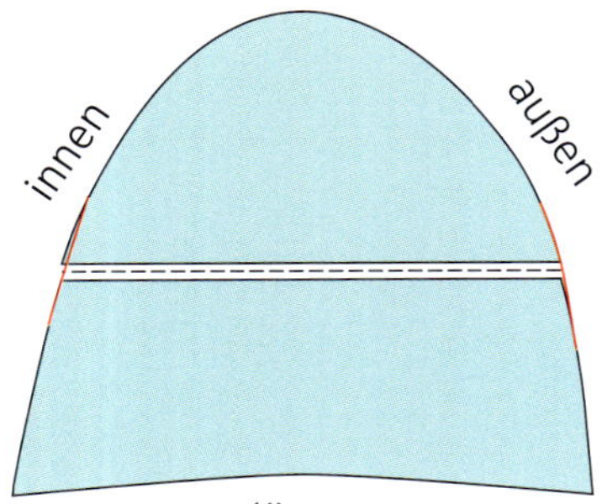

verlängern

Schnittvariationen

Der Grundschnitt des Fußteils lässt sich leicht für unterschiedliche Modelle abwandeln, besonders schön für individuelle Riemchen-Sandalen. Zeichnen Sie einfach Ihre Wunschform in den Basisschnitt hinein.

Wichtig bei der Formgestaltung ist, dass der Ballen immer einen guten Halt hat. Sehr schmale Riemchen müssen sehr genau platziert werden, sie sollten exakt auf den Fuß abgestimmt sein.

Achtung: Stoffe mit rechter und linker Seite 1 x wie die Vorlage zuschneiden, 1 x seitenverkehrt.

Beispiele für Variationen des Fußteils

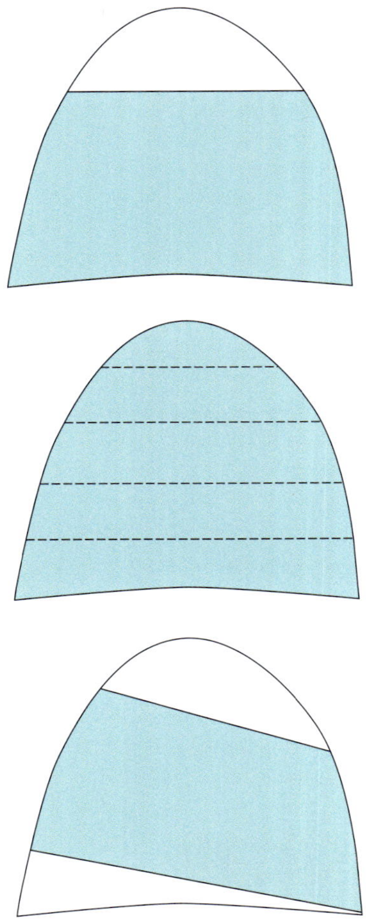

Ergänzende Formen

Das Entwickeln von seitlich durchgängigen Schnittvariationen erfolgt durch die Zusammensetzung des vorderen Fuß- und des hinteren Fersenteils. Dazu den Grundschnitt des Fersenteils entlang der hinteren Mitte durchschneiden und an den Fußteil anlegen. Dabei die Überlappung der Schnittteile beachten.
Probieren Sie einfach unterschiedliche Linienführungen für die Seitenansicht Ihres Wunschmodells. Fertigen Sie ein Stoffmuster an und überprüfen Sie die Form.

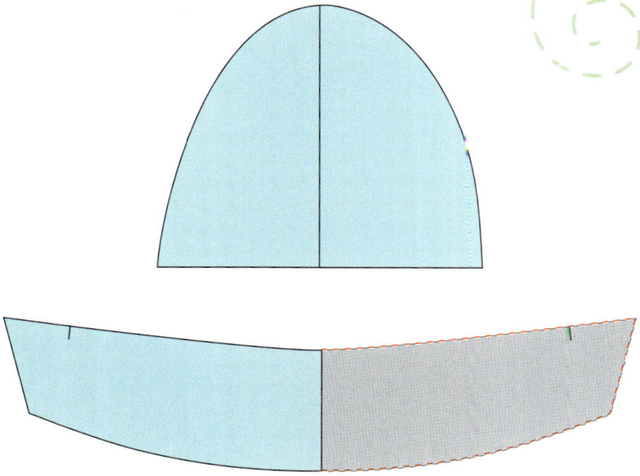

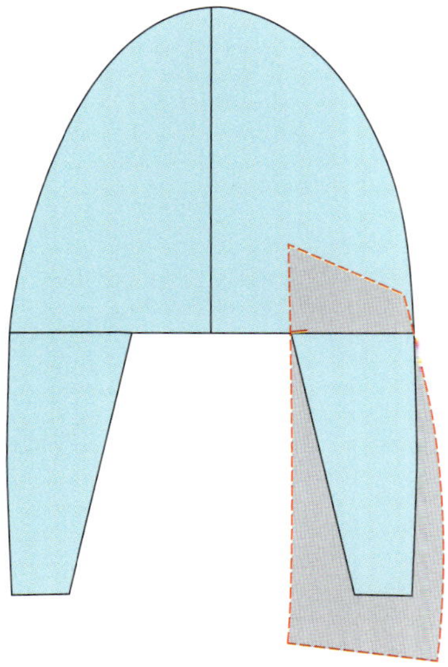

Tipp

Wählen Sie immer das gleiche Maß an Nahtzugabe, z. B. 1 cm. Das hat den Vorteil, dass der Nadeleinstich beim Nähen an der Nähmaschine immer den gleichen Abstand zum Rand hat. Somit entfällt das lästige Anzeichnen von Nahtzugaben auf dem Stoff.

Nahtzugabe

Der Grundschnitt ist ohne Nahtzugabe angelegt. Beim Nähen mit der Nähmaschine muss die Nahtzugabe in folgenden Fällen ergänzt werden:

- Wird der Stoff doppelt zugeschnitten, um ihn zu verstürzen, muss ringsum eine Nahtzugabe angezeichnet werden.
- Wird der Schnitt in mehrere Elemente unterteilt z. B. für Stoffkombinationen, dann muss an jedem Schnittteil entlang der neuen Kanten eine Nahtzugabe angezeichnet werden.

Materialien wie Leder oder Wollfilz, die nicht ausfransen und einlagig verarbeitet werden können, benötigen keine Nahtzugabe.

Sohlen- und Fersenelemente

Sohlen und Fersenelemente sind ein einfaches und schönes Gestaltungselement. Sie können z. B. aus Stoff, Wollfilz oder Leder gefertigt werden.

Übertragen der Form

1. Für die Anfertigung einer vollflächigen Sohle stellen Sie die Sohle auf den Stoff. Die linke Stoffseite zeigt nach oben, die Gummisohle zeigt zum Stoff.

2. Umfahren Sie die Sohle mit einem Stift und schneiden Sie den Stoff aus.

3. Legen Sie dann die Stoffsohle auf die Jutesohle, überprüfen Sie an der Spitze und an der Ferse die Form und schneiden Sie den Stoff gegebenenfalls noch etwas zurück.

Sie können Stoffsohlen vor dem Ausschneiden mit aufbügelbarem Baumwollvlies bebügeln. Das verhindert nicht nur das Ausfransen an den Stoffrändern, sondern auch das Durchdrücken des Klebstoffs bei dünnen Stoffen.
Oder Sie bebügeln Stoffsohlen vor dem Ausschneiden mit doppelseitig klebendem Bügelvlies. Nach dem Ausschneiden die Trägerschicht des Vlieses abziehen und die Stoffsohle direkt auf die Jutesohle bügeln.
Einzelne Fersenelemente können frei gestaltet werden, siehe Anwendungsbeispiele nächste Seite.

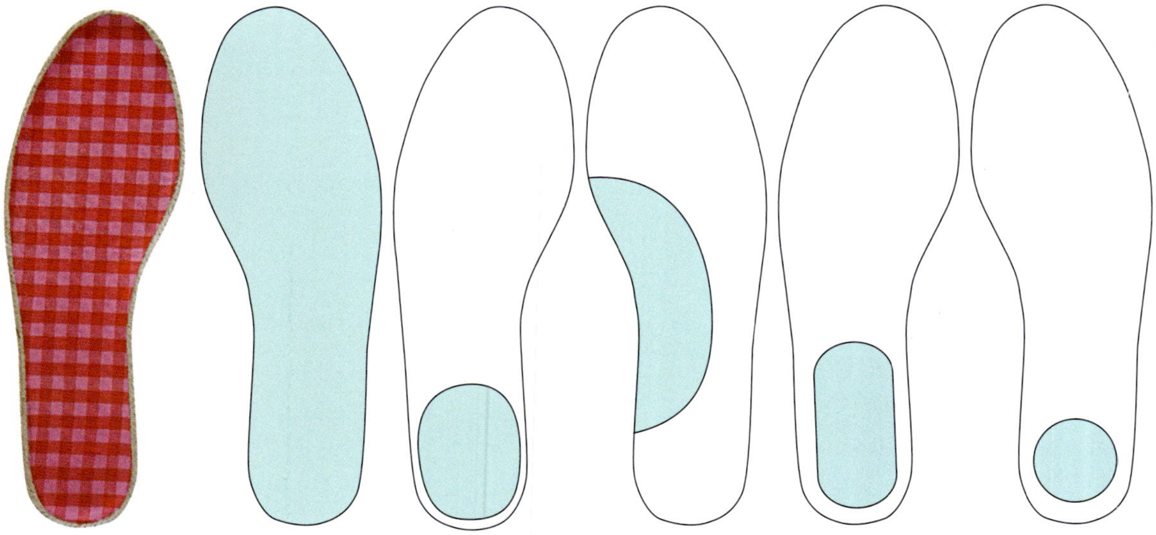

Sohlen- und Fersenelemente

Tipps zur Befestigung der Sohlenelemente

- Ledersohlen mit Lederkleber befestigen.
- Filz- und Stoffsohlen mit Textilkleber befestigen.
- Klebstoff mit einem Pinsel gleichmäßig auf die Jutesohle auftragen, etwas anziehen lassen, dann die Stoffsohle auflegen, mit Büchern beschweren und gut durchtrocknen lassen.

Verarbeitung des Obermaterials

Generell brauchen Schuhe stabile Stoffe, da sie sehr beansprucht werden. Bei der Verwendung von Bekleidungsstoffen ist es daher sinnvoll, diese zu doppeln.

Stoffe aufdoppeln

Um Stoffe zu doppeln, benötigen Sie doppelseitig klebendes Bügelvlies. Diese Technik eignet sich besonders für das Nähen mit der Hand. Bei dieser Methode kann der Basisschnitt ohne Nahtzugabe 1:1 übernommen werden, da die Kanten nicht mehr ausfransen.

1. Schnittvorlage je Schuh 2 x aus Stoff und 1 x aus doppelseitigem Vlies zuschneiden.

2. Das Vlies mit der Klebeseite auf eine Lage Stoff aufbügeln, dann die Trägerschicht des Vlieses abziehen und die zweite Lage Stoff darüberbügeln.

Stoffe verstürzen

Diese Technik eignet sich besonders für das Nähen mit der Maschine

1. Die Schnittvorlage mit 1 cm Nahtzugabe 2 x je Schuh zuschneiden.

2. Die zugeschnittenen Stoffe links auf links legen und an der Maschine 1 cm vom Rand steppen. Eine Wendeöffnung von ca. 6 cm offen lassen, Nahtzugabe einschneiden, Stoff wenden.

Verbindung von Obermaterial und Sohle

Um das Obermaterial mit der eigentlichen Sohle zu verbinden, gibt es verschiedene Möglichkeiten. Hier sind die wichtigsten Techniken:

Festonstich

Garn in dreifacher Länge der zu nähenden Strecke zuschneiden, einfädeln. Das Garnende verknoten.

1. Die Nadel schräg, von der Mitte der Sohle ausgehend, durch den Stoff stechen. Garn komplett durchziehen, bis der Anfangsknoten in der Sohle versinkt.

Mit ca. 1 cm Abstand erneut von unten in die Sohle und durch den Stoff stechen. Das Garn hinter die Nadel legen. Garn durch- und anziehen. Bei Kindersohlen die Stichlänge etwas kleiner wählen.

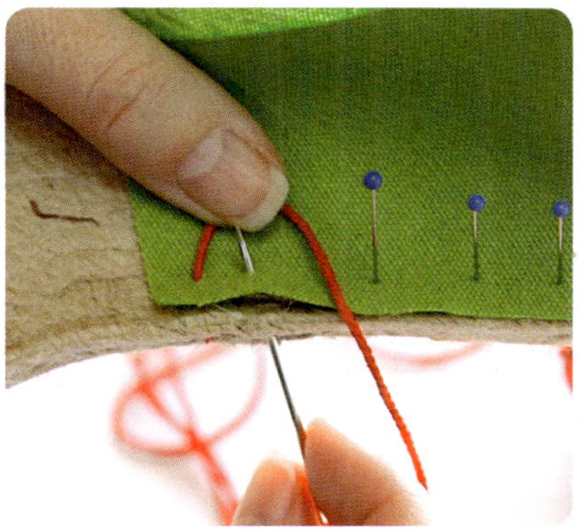

2. Den Vorgang wiederholen und immer darauf achten, dass das Garn beim Ausstechen hinter der Nadel liegt.

3. Im Abstand von ca. 1 cm erst das Fersenteil, dann das Fußteil annähen.

Kreuzstich

Diese Technik eignet sich zum Beispiel gut für Schnitte aus Filz.

1. Die Seitenränder des Obermaterials ca. 0,75 cm von der Kante entfernt in gleichmäßigem Abstand lochen.

2. Mit der Nadel unterhalb des ersten Lochs in die Sohle einstechen und dann durch das erste Loch führen. Dann unterhalb des zweiten Lochs in die Sohle einstechen, die Nadel durch das zweite Loch führen usw.

3. Die Rückreihe auf die gleiche Art und Weise arbeiten, diesmal nur in die andere Richtung.

Steppstich durch die Sohlennaht

1. Im Abstand von ca. 0,75 cm mit der Nadel diagonal durch den Oberstoff und die Sohle stechen.

2. Dann die Nadel ganz knapp neben dem Ausstichpunkt erneut einstechen und diagonal durch die Sohle wieder zum Einstichpunkt zurückführen.

Unsichtbares Annähen

Besonders professionell gearbeitet wirken Schuhe, wenn die Befestigung zwischen Obermaterial und Sohle nicht zu sehen ist. Dazu einfach den Geradstich schräg ansetzen.

Das Fußteil direkt auf die Sohlenkante stecken und parallel zur Struktur der Jutesohle nähen. Dadurch versinkt das Garn unauffällig in der Sohle. Benutzen Sie einen stabilen Zwirn und nähen Sie einmal hin und her.

Maschenaufnahme direkt aus der Sohle

Beim Häkeln kann die Maschenaufnahme auch direkt an der Sohle stattfinden, so ergibt sich ebenfalls ein unsichtbarer Übergang von Obermaterial und Sohle.

Mit der Häkelnadel (maximale Stärke 2,5 mm) zwischen 2 bis 3 „Jutebüscheln" an der Sohlenkante einstechen, Faden holen und eine feste Masche häkeln.

Tipp

Die Sohle vorher mit Dampf bügeln, so lockern sich die Jutefasern und es lässt sich leichter einstechen. Alternativ kann auch mit einer dicken Nähnadel vorgestochen werden.

Aus Stoff, Filz und Leder

Aus Stoff, Filz und Leder

Die Modelle auf den folgenden Seiten bestehen aus unterschiedlichen Materialien, zumeist Stoff, Filz oder Leder. Gemeinsam ist ihnen die Herstellungsart: Sie werden mit der Hand oder mit der Nähmaschine genäht. Damit Sie gut ausgerüstet ans Nähen Ihrer Espadrilles gehen können, kommt hier eine kurze Material- und Werkzeugkunde!

Werkzeuge

Basisausstattung

- Maßband
- Schere
- Trickmarker, selbstlöschend, zum Übertragen der Vorlagen auf Stoffe und andere Materialien
- Stecknadeln
- Nähnadeln
- Sticknadeln mit dünner Spitze und großem Nadelöhr

Weitere nützliche Werkzeuge

- Kantenformer – ein besonders praktischer Helfer beim Nähen. Verstürzt man Stoffe und wendet sie, lassen sich damit die Kanten ganz leicht sauber ausformen.
- Pfriem – ist oft sehr nützlich beim Vorstechen von Löchern.
- Lochzange – unentbehrlich beim Vorstanzen von Löchern in Filz und Leder
- Rollschneider, Kreisschneider und Cutter – sorgen für gerade Kanten bei Kreisen und dicken Filzen.

1 Rollschneider, **2** Maßband, **3** Lochzange, **4** Schere, **5** Pfriem, **6** Cutter, **7** Kreisschneider, **8** Trickmarker, **9** Kantenformer

Material

Obermaterial

Zur Herstellung von Schuhen eignen sich verschiedenste Materialien sehr gut, z. B. Filz, Leder, Leinen, Baumwolle oder auch eine abgetragene Jeans. Grundsätzlich sollte es sich um Stoffe aus Naturfasern handeln. Achten Sie darauf, dass die Stoffe stabil und belastbar sind. Dünnere Bekleidungsstoffe lassen sich mit doppelseitig klebendem Vlies aufdoppeln, was dem Schuh auch gleichzeitig ein schönes Innenfutter verleiht. Das Aufbügeln einer Gewebeeinlage verstärkt das Material ebenso .

Garne

Für das Annähen der Modelle an der Sohle lassen sich Nähgarn, Zwirn, Baumwollgarn oder spezielles Espadrilles-Kreativgarn verwenden. Welches Garn zum Einsatz kommt, hängt ganz davon ab, wie die Naht gestaltet werden soll und welches Obermaterial verwendet wird.

Schmückendes

Mit kleinen Accessoires können Sie Ihren Schuhen zusätzlich eine besonders individuelle Note verleihen. Diese können Sie fertig kaufen oder auch selbst anfertigen. Folgende Materialien und Accessoires eignen sich besonders gut:

- Bänder zum Aufsteppen oder Einfassen
- Applikationen zum Aufbügeln
- Nieten
- Perlen
- Knöpfe
- Stoffrosen
- bunte Color-Snaps

Alles ist erlaubt, Hauptsache, es gefällt!

Pünktchen und Anton

SCHWIERIGKEITSGRAD

SIE BRAUCHEN:

Basisschnitt, siehe S. 88-91

Schuh groß

- Baumwollstoff rot getupft, 35 cm x 70 cm
- Futterstoff in Weiß, 35 cm x 70 cm
- Baumwollgarn in Rot

Schuh klein

- Baumwollstoff kariert, 25 cm x 60 cm
- Futterstoff in Weiß, 25 cm x 60 cm
- Baumwollgarn in Weiß
- Fliegenpilz-Applikation

Außerdem

- Sticknadel mit großem Nadelöhr
- Schere, Papier, Trickmarker selbstlöschend
- Kantenformer
- Nähmaschine
- Bügeleisen, Stecknadeln

SO GEHT'S:

Beide Schuhe werden auf die gleiche Art und Weise hergestellt.

1. Den Basisschnitt von S. 88-91 in der gewünschten Größe auf einen Bogen Papier übertragen und ringsum eine Nahtzugabe von 1 cm anzeichnen.

2. Den Schnitt mit dem Trickmarker 2 x auf den Oberstoff und 2 x auf den Futterstoff übertragen. Darauf achten, dass das vordere Schnittteil einmal spiegelverkehrt aufgelegt wird (rechter und linker Schuh). Den Stoff ausschneiden.

3. Die Stoffelemente jeweils rechts auf rechts unter der Nähmaschine mit dem Abstand von 1 cm zum Stoffrand steppen. Am Fuß- und Fersenteil bleibt jeweils eine Wendeöffnung von ca. 6 cm offen. Die Wendeöffnung an die zur Sohle zeigenden Seite verlegen.

4. Die Nahtzugabe an den Ecken ab-, an den Rundungen einschneiden, die Schnittteile wenden. Dann die Kanten mit dem Kantenformer ausformen.

5. Die Schnittteile in Form bügeln. Die Applikation aufbügeln.

6. Das Fersenteil auf die Sohle stecken. Die hintere Mitte der Sohle trifft dabei auf die Stoffmitte des Fersenteils. Das Fersenteil mit dem Festonstich (S. 13) annähen.

Dann das Fußteil auf die Sohle stecken und ebenfalls im Festonstich annähen.

7. Den Schuh anprobieren, dabei das Fersenteil straff um die Ferse ziehen, sodass es gut sitzt, dann in der gewünschten Position mit einer Nadel am Fußteil feststecken. Zum Schluss die Seitennaht mit dem Steppstich (S. 14) von Hand annähen.

Tipp

Da die Sohle sehr kompakt ist, braucht das Annähen mit dem Festonstich relativ viel Kraft. Bügeln Sie die Sohle vorher ordentlich mit Dampf, so lässt sie sich deutlich leichter verarbeiten.

Blue Jeans

SCHWIERIGKEITSGRAD

SIE BRAUCHEN:

Basisschnitt, siehe S. 88-91

- eine alte Jeanshose
- Baumwollgarn in Braun oder Jeansblau
- Sticknadel mit großem Nadelöhr
- Schere, Papier, Trickmarker selbstlöschend
- Kantenformer
- Bügeleisen, Stecknadeln, Nahttrenner

Tipp

Wenn Sie eine saubere, glatte Stoffkante erhalten möchten, schneiden Sie den Stoff an den Rändern mit 1,5 cm Nahtzugabe zu und bügeln Sie diese vor dem Festnähen um.

SO GEHT'S:

Der spannendste Teil einer Jeanshose befindet sich im Hüftbereich, hier gibt es viele Taschen und interessante Steppnähte. Suchen Sie sich die schönsten Stellen als Material für Ihre Espadrilles aus.

Aber: Beachten Sie, dass Sie jedes Schnittteil 2 x benötigen. Nicht immer ist der Hosenbund proportional zur Taille und so kann es vorkommen, dass ein schmaler Hosenbund nicht für zwei gleichartige große Schuhe reicht. Menschen mit kleinen Füßen und starker Taille sind für das geschlossene Modell klar im Vorteil.

Besonders bequem sind Jeansschuhe aus Stretchhosen.

1. Den Basisschnitt von S. 88-91 in der gewünschten Größe auf einen Bogen Papier übertragen und ausschneiden.

2. Jetzt schöne Stellen der Hose aussuchen. Gut geeignet sind die Taschen und der Hosenbund. Den Schnitt mit dem Trickmarker auf die Jeans übertragen. Dabei darauf achten, dass das vordere Schnittteil einmal spiegelverkehrt aufgelegt wird (rechter und linker Schuh). Den Stoff ohne Nahtzugabe zuschneiden.

3.1. Für den geschlossenen Schuh das Fersenteil auf die Sohle stecken. Die hintere Mitte der Sohle trifft dabei auf die Stoffmitte des Fersenteils. Das Fersenteil mit dem Festonstich (S. 13) annähen.

3.2. Für beide Modelle das Fußteil auf die Sohle stecken, mit dem Festonstich annähen. Der offene Schuh ist damit schon fertig.

4. Den geschlossenen Schuh anziehen, das Fersenteil um die Ferse legen und nach vorn ziehen, sodass es gut sitzt, dann in der gewünschten Position mit einer Nadel am Fußteil feststecken. Die Seitennaht per Steppstich (S. 14) von Hand annähen.

Schwarz mit Schick

SCHWIERIGKEITSGRAD

SIE BRAUCHEN:

Basisschnitt, siehe S. 88-91

- Baumwollstoff in Schwarz, 35 cm x 90 cm
- doppelseitig klebendes Bügelvlies, 35 cm x 45 cm
- Baumwollgarn in Schwarz
- Sticknadel mit großem Nadelöhr
- Schere, Papier, Markierstift in Weiß
- Bügeleisen, Stecknadeln

Für den gepunkteten Schuh

- Filzwolle natur
- Baumwollband gepunktet, 40 cm
- Filznadel, Filzunterlage, Kreisschablone

Für den Schuh in Metalloptik

- Metallkrampen in Silber

Tipp

Ein schönes Detail sind eingenähte Fersenschlaufen. Dazu einfach ein Bändchen doppeln und auf die hintere Mitte des Fersenteils steppen.

SO GEHT'S:

Für die Verarbeitung des Bügelvlieses siehe auch S. 12.

1. Die Hälfte des Stoffes mit dem doppelseitig klebenden Vlies bebügeln. Den Basisschnitt in der gewünschten Größe übertragen und ausschneiden.

Achtung, rechten und linken Schuh gegengleich arbeiten.

2. Den Basisschnitt 2 x auf den übrigen Stoff übertragen. Die Position der Filzpunkte oder der Metallkrampen auf dem Stoff markieren. Den Stoff noch nicht zuschneiden.

3. Für den Filzschuh die Kreise mit der Filznadel einarbeiten. Wollbüschel auf der linken Stoffseite zurückschneiden.

Für den Schuh in Metalloptik die Metallkrampen anbringen.

4. Jetzt die Trägerschicht des Bügelvlieses entfernen und die Stoffe doppeln. Die zweite Lage Stoff zurückschneiden. Die Kanten knapp absteppen.

5. Das Fersenteil auf die Sohle stecken. Dabei trifft die hintere Mitte der Sohle auf die Stoffmitte des Fersenteils. Dann das Fußteil auf die Sohle stecken. Den Schuh anprobieren und das Fersenteil um die Ferse nach vorn ziehen, sodass es gut sitzt, dann in der gewünschten Position mit Nadeln am Fußteil feststecken.

6. Den Oberstoff von der Sohle abnehmen, die Seitennähte unter der Nähmaschine steppen. Den Schuh erneut auf die Sohle stecken und mit dem Festonstich (S. 13) annähen.

Segler-Style „Marine"

SCHWIERIGKEITSGRAD

SIE BRAUCHEN:

Basisschnitt, siehe S. 88-91

- ✻ Baumwollstoff in Dunkelblau, 35 cm x 70 cm (Obermaterial)
- ✻ Baumwollstoff in Weiß, Stoffrest (für die Spitze)
- ✻ Baumwollstoff Hellblau gemustert, 35 cm x 70 cm (Futterstoff)
- ✻ doppelseitig klebendes Bügelvlies, 35 cm x 40 cm
- ✻ Schrägband in Weiß, 2 cm breit, 50 cm lang
- ✻ 2 Perlenapplikationen
- ✻ 1 Druckknopf
- ✻ Baumwollgarn in Dunkelblau
- ✻ Sticknadel mit großem Nadelöhr
- ✻ Schere, Papier, Trickmarker selbstlöschend
- ✻ Bügeleisen, Stecknadeln, Kantenformer

SO GEHT'S:

1. Den Basisschnitt in der gewünschten Größe auf einen Bogen Papier übertragen. Die Schnittteile jeweils 2 x auf den Futterstoff übertragen.

Für den Oberstoff den Schnitt entsprechend der Schemazeichnung unterteilen: Die Spitze auf den weißen Stoff übertragen, den Rest auf den dunkelblauen Stoff. Alle Schnittteile mit einer Nahtzugabe von 1 cm ausschneiden.

2. Für die vollflächige Sohle die Sohlenformen (rechts und links) auf den Futterstoff übertragen. Mit doppelseitigem Bügelvlies bebügeln und ausschneiden, anschließend direkt auf die Jutesohle bügeln (siehe S. 11).

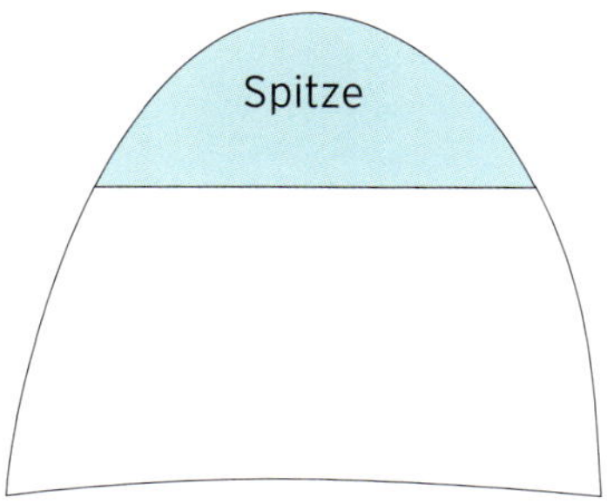

3. Den Stoff für die Fußspitze in Weiß und den Stoff für den übrigen Fußteil in Dunkelblau rechts auf rechts legen, mit 1 cm Nahtzugabe steppen. Die Nahtzugabe auseinanderbügeln. Anschließend das weiße Schrägband auflegen und in der passenden Länge für jeden Schuh zuschneiden. Im Abstand von ca. 3 cm zur Fußspitze aufsteppen.

4. Futterstoff und Oberstoff von Fuß- und Fersenteil rechts auf rechts legen, in 1 cm Abstand vom Rand ringsum steppen. Eine Wendeöffnung von ca. 6 cm an der zur Sohle zeigenden Seite offen lassen. Die Nahtzugabe in den Ecken ab-, in den Rundungen einschneiden. Stoffe wenden. Mit dem Kantenformer die Rundungen ausformen. Die Schnitteile bügeln.

5. Das restliche Schrägband doppeln und jeweils von außen auf die hintere Mitte des Fersenteils steppen. Das Schrägband ca. 4 bis 5 cm über dem Fersenteil abschneiden, einschlagen und innen von Hand annähen. Außen an jeden Schuh eine Hälfte des Druckknopfes annähen – so können Sie die Schuhe zur Aufbewahrung paarweise zusammenknöpfen.

6. Das Fersenteil auf die Sohle stecken. Die hintere Mitte der Sohle trifft dabei auf die Stoffmitte des Fersenteils. Dann das Fußteil auf die Sohle stecken. Den Schuh anprobieren und das Fersenteil um die Ferse nach vorn ziehen, sodass es gut sitzt, und mit einer Nadel in der gewünschten Position am Fußteil feststecken.

7. Den Oberstoff von der Sohle abnehmen, die Seitennähte unter der Nähmaschine steppen. Den Schuh erneut auf die Sohle stecken und mit dem Festonstich (S. 13) annähen.

Zum Schluss die Applikationen von Hand aufnähen. Ahoi!

Modell „Peeptoe"

SCHWIERIGKEITSGRAD

SIE BRAUCHEN:

Basisschnitt, siehe S. 88–91

- Baumwollstoff in Beige, 35 cm x 70 cm
- Baumwollstoff gemustert für die Sohle, 30 cm x 30 cm
- doppelseitig klebendes Vlies, 70 cm x 35 cm
- 1 m Paspelband in Gelb
- Baumwollgarn in Beige
- Nähgarn in Beige
- Sticknadel mit großem Nadelöhr
- Nähgarn in Beige
- Schere, Papier, Trickmarker selbstlöschend
- Bügeleisen, Stecknadeln, Kurvenlineal

SO GEHT'S:

1. Den Basisschnitt in der gewünschten Größe auf einen Bogen Papier übertragen. Dann die Form entsprechend der Schemazeichnung an den eigenen Fuß anpassen.

Für den Oberstoff je Schuh die Schnittteile 2 x auf den Oberstoff und 1 x auf das doppelseitig klebende Vlies übertragen. Alle Teile ohne Nahtzugabe zuschneiden.

2. Den Sohlenstoff komplett mit Vlies bebügeln, dann 2 x gegengleich zuschneiden. Den Sohlenstoff auf die Sohle bügeln (siehe S. 11).

3. Das Vlies jeweils auf 1 Fuß- und 1 Fersenteil linksseitig aufbügeln. Trägerschicht des Vlieses nach dem Bügeln abziehen.

4. Jetzt jeweils Fuß- und Fersenteil mit Vlies und ohne Vlies passgenau übereinanderlegen. Die Vliesseite zeigt zur linken Stoffseite. Die Paspel zwischen die zwei Stofflagen legen. Sitzt alles exakt, die Stoffe zusammenbügeln. Die Stoffe sind somit gedoppelt.

5. Fuß- und Fersenteil entsprechend der gestrichelten Linie (Schemazeichnung) steppen.

6. Das Fersenteil auf die Sohle stecken. Die hintere Mitte der Sohle trifft dabei auf die Stoffmitte des Fersenteils, dann das Fußteil auf die Sohle stecken. Den Schuh anprobieren und das Fersenteil nach vorn um die Ferse ziehen, sodass es gut sitzt. Das Fußteil in der gewünschten Position mit einer Nadel feststecken.

7. Den Oberstoff von der Sohle abnehmen, die Seitennähte unter der Nähmaschine mit einem Zierstich zusammensteppen. Den Schuh erneut auf die Sohle stecken und im Festonstich (S. 13) annähen.

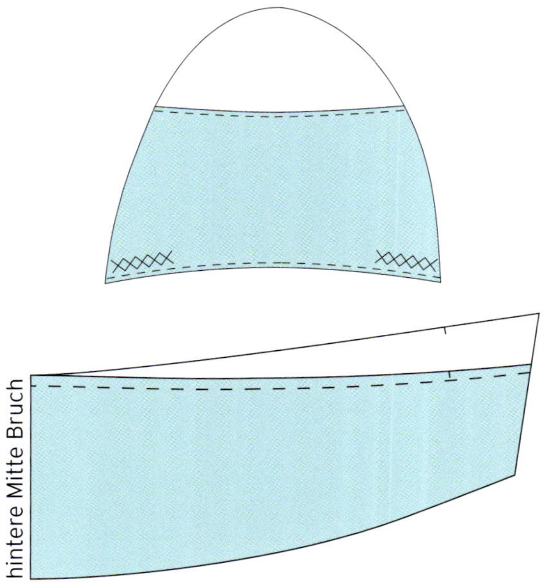

Streifenlook mit Nadelfilz

SCHWIERIGKEITSGRAD

SIE BRAUCHEN:

Basisschnitt, siehe S. 88–91

- Baumwollstoff in Grün, 35 cm x 70 cm
- Wollfilz in Lila, 1 mm dick
- doppelseitig klebendes Bügelvlies, 50 cm x 50 cm
- Filzwolle in Rot, Pink und Lila
- Filznadel, Filzunterlage
- Baumwollgarn in Lila
- Sticknadel mit großem Nadelöhr
- Schere, Papier, Trickmarker selbstlöschend
- Bügeleisen, Stecknadeln

SO GEHT'S:

1. Das Fußteil des Basisschnitts in der gewünschten Größe auf einen Bogen Papier übertragen. Das Schnittteil jeweils 1 x gegengleich (rechter und linker Schuh) auf den Stoff übertragen. Für die Filzfläche beliebig breite Streifen auf dem Stoff aufzeichnen.

2. Den Stoff auf die Filzunterlage legen. Die Farbstreifen aus Wollfilz mit der Filznadel in den Stoff einarbeiten. An den Seitenrändern knapp über die aufgezeichnete Kontur hinausarbeiten.

3. Sind die Streifen fertig, die Filzfasern auf der Rückseite mit einer Schere zurückschneiden. Stoffelemente großzügig ausschneiden. Das doppelseitige Bügelvlies auf die Rückseite bügeln. Trägerpapier abziehen.

4. Jetzt die Fußteile noch einmal exakt aus dem Basisstoff ausschneiden und auf die Stoffseite mit dem Bügelvlies aufbügeln. Dann der Form entlang den Oberstoff mit den Filzstreifen zurückschneiden.

5. Die Filzsohle in Lila zuschneiden und auf die Schuhsohle bügeln (siehe S. 11 f.). Das Fußteil mit Nadeln anstecken.

6. Zum Schluss Filzsohle und Fußteil im Festonstich (S. 13) annähen.

Sandalen mit Satinband

SCHWIERIGKEITSGRAD

SIE BRAUCHEN:

Basisschnitt, siehe S. 88–91

- Riemchen: Wollfilz in Rot, 2 mm dick, 20 cm x 25 cm
- Sohle: Baumwollstoff rot kariert, 35 cm x 30 cm
- doppelseitig klebendes Bügelvlies, 35 cm x 30 cm
- Satinband in Rosa, 6 mm breit, 50 cm lang
- 2 Satinrosen in Pink
- Nähgarn in Rot und Rosa
- Rollschneider mit Wellenklinge, alternativ Zickzack-Schere
- Schneidematte, Schere, Papier, Trickmarker selbstlöschend
- Bügeleisen, Stecknadeln, Textilkleber

SO GEHT'S:

1. Das doppelseitig klebende Bügelvlies auf die Rückseite des Sohlenstoffes bügeln.

Die Sohlenform 2 x gegengleich auf der Vliesseite aufzeichnen und ausschneiden (siehe S. 11). Die Trägerschicht des Vlieses abziehen, dann die Stoffsohlen auf die Jutesohlen bügeln.

2. Für das Riemchen den Grundschnitt für das Fußteil in der gewünschten Größe auf einen Bogen Papier übertragen. Die Riemchenbreite auf den Papierschnitt einzeichnen und ausschneiden.

Wichtig ist die richtige Positionierung des Riemchens. Für einen guten Halt am Fuß muss es unbedingt über dem Fußballen liegen.

3. Das Schnittelement 2 x auf den Filz übertragen und ausschneiden, ebenso die frei gestalteten Fersenelemente für die Sohle.

4. Das Satinband auf das Riemchen steppen, parallel dazu eine Ziernaht. Die Rosen annähen. Das Fersenelement ebenfalls mit einer Ziernaht versehen.

5. Das Riemchen auf die Schuhsohle stecken, die Position noch einmal genau überprüfen, dann von Hand unsichtbar an der Sohlenkante annähen (siehe S. 15).

6. Das Fersenelement auf die Sohle kleben, gut trocknen lassen. Fertig.

Tipp

Eine schöne Wellenoptik bekommt das Riemchen, wenn man es mit einem Rollschneider mit entsprechender Wellenklinge zuschneidet. Eine gute Alternative zum Rollschneider ist die Zickzack-Schere.

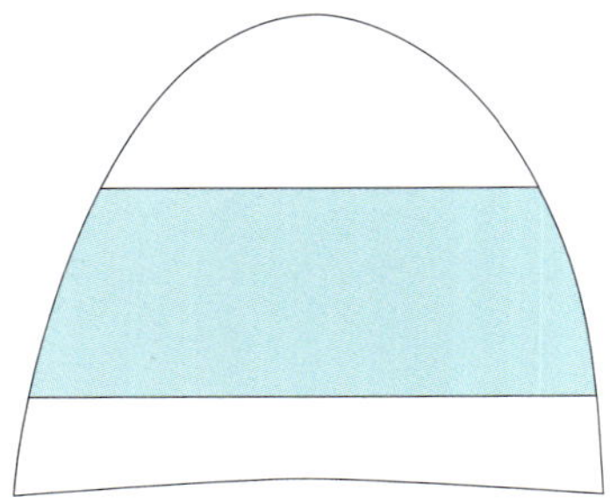

Blütentraum in Grün und Lila

SCHWIERIGKEITSGRAD

SIE BRAUCHEN:

Basisschnitt, siehe S. 88–91

- Wollfilz in Grün, 3 mm dick, 25 cm x 25 cm
- Bastelfilz in Grün, 2 x 20 cm x 30 cm
- Baumwollstoff grün getupft, 20 cm x 20 cm
- doppelseitig klebendes Bügelvlies, 20 cm x 20 cm
- Baumwollgarn und Nähgarn in Grün
- Lochzange, Kreisschneider, Schneidematte
- Schere, Papier, Trickmarker selbstlöschend
- Stecknadeln, Textilkleber, Klebeband

SO GEHT'S:

1. Den Grundschnitt für das Fußteil in der gewünschten Größe auf einen Bogen Papier übertragen. Das Fußelement entsprechend der Schemazeichnung einzeichnen und ausschneiden. Die Passform am eigenen Fuß noch einmal überprüfen, dann den 3 mm starken Filz entsprechend zuschneiden.

2. Für die Filzblüten den Bastelfilz an den Seitenrändern mit Klebeband auf der Schneidematte fixieren. Mit dem Kreisschneider je Schuh ca. 10 Kreise mit einem Durchmesser von 5 cm zuschneiden. Die Kreise 2 x mittig falten und zusammenstecken und die Blüten an der unteren Spitze mit einigen Stichen fixieren.

3. Doppelseitig klebendes Bügelvlies auf die Rückseite des grün getupften Stoffes bügeln. 8 Streifen à 1 cm x 10 cm zuschneiden. Trägerschicht an den Streifen entfernen, dann im Zickzack falten und an der unteren kurzen Seite mit einigen Stichen zusammennähen.

4. Die Fersenelemente auf der Vliesseite aufzeichnen und ausschneiden (siehe S. 11 f.). Die Trägerschicht des Vlieses abziehen, dann die Fersenelemente auf die Jutesohlen bügeln.

5. Das Fußteil an den Seitenrändern mit der Lochzange im Abstand von ca. 1 cm lochen, dann per Kreuzstich (siehe S. 14) von Hand annähen.

6. Die Filzblüten und Zierelemente auf dem Fußelement arrangieren und festnähen.

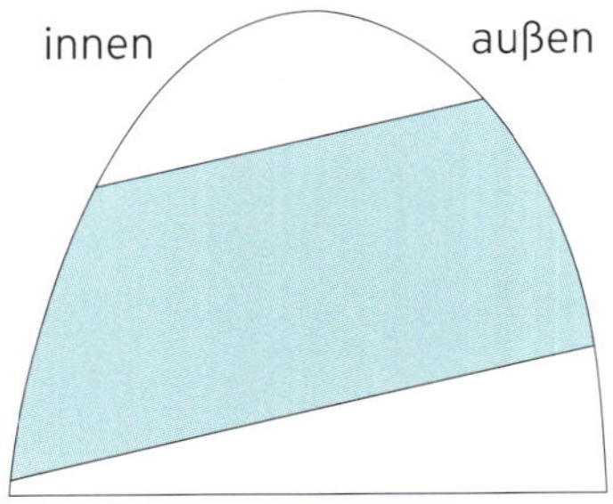

Zeitloses Karo

SCHWIERIGKEITSGRAD

SIE BRAUCHEN:

Basisschnitt, siehe S. 88-91

- Baumwollstoff gemustert, 20 cm x 50 cm
- Baumwollgarn in Beige
- Schere, Papier, Trickmarker selbstlöschend
- Stecknadeln, Textilkleber, Nähmaschine
- Kantenformer, Bügeleisen

SO GEHT'S:

1. Den Grundschnitt für das Fußteil in der gewünschten Größe auf einen Bogen Papier übertragen. Das Fußelement entsprechend der Schemazeichnung aufzeichnen und ausschneiden. Die Passform am eigenen Fuß noch einmal überprüfen, dann je Fuß 2 x mit 1 cm Nahtzugabe ringsum zuschneiden.

2. Die Form des Fersenteils bestimmen, ebenfalls je Schuh 2 x mit einer Nahtzugabe von 1 cm ringsum zuschneiden.

3. Das Fußteil rechts auf rechts legen, im Abstand von 1 cm zum Rand steppen.

Eine Wendeöffnung von ca. 6 cm offen lassen. Die Nahtzugabe in den Ecken ab-, in den Rundungen einschneiden. Fußteil wenden, mit dem Kantenformer ausformen, dann bügeln. Das Fersenteil ebenso verarbeiten, wegen der engen Rundungen die Stichlänge an der Maschine sehr klein wählen.

4. Das Fußelement auf die Sohle stecken, dann mit dem Festonstich (S. 13) annähen.

Das Fersenelement mit Textilkleber befestigen, dann beschweren, gut trocknen lassen. Los geht's!

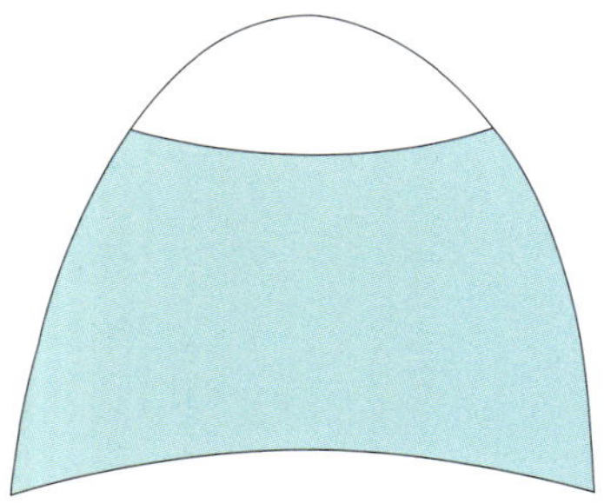

Tipp

Verlegt man die Wendeöffnung in die Seitennaht, braucht sie nicht extra von Hand geschlossen zu werden. Dies geschieht automatisch beim Annähen auf der Schuhsohle.

Klassisch im Trachtenlook

SCHWIERIGKEITSGRAD

SIE BRAUCHEN:

Basisschnitt, siehe S. 88–91

- Obermaterial: Leinen beige, 35 cm x 70 cm
- Futterstoff/Spitze: Baumwollstoff braun gemustert, 35 cm x 70 cm
- 60 cm Borte in Beige
- 4 kleine Trachtenknöpfe mit Ösen
- 1 m Lederband in Braun, 0,5 cm breit
- Baumwollgarn in Dunkelbraun

Außerdem

- Sticknadel mit großem Nadelöhr
- Schere, Papier, Trickmarker selbstlöschend
- Bügeleisen, Stecknadeln, Kantenformer

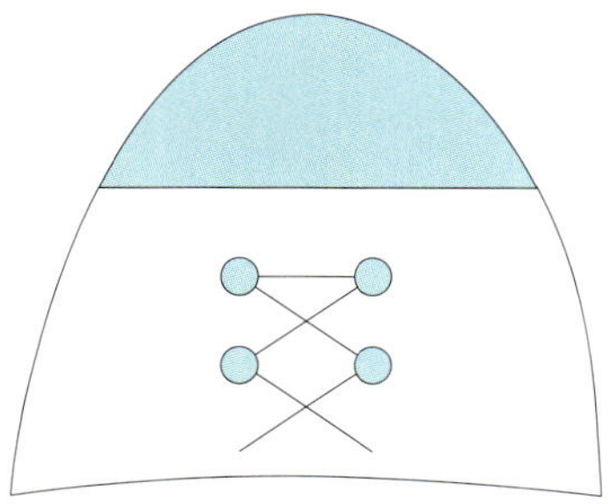

SO GEHT'S:

1. Den Basisschnitt in der gewünschten Größe auf einen Bogen Papier übertragen. Die Schnittteile jeweils 2 x auf den Futterstoff übertragen.

Für den Oberstoff den Schnitt entsprechend der Schemazeichnung unterteilen, die Spitze auf den braunen Stoff übertragen, den Rest auf das Leinen.

Alle Schnittteile mit einer Nahtzugabe von 1 cm ringsum ausschneiden.

2. Fußspitze in Braun und Fußstoff aus Leinen rechts auf rechts legen und bei 1 cm Nahtzugabe steppen. Nahtzugabe auseinanderbügeln.

3. Futterstoff und Oberstoff von Fuß- und Fersenteil rechts auf rechts legen, bei 1 cm vom Rand ringsum steppen. Eine Wendeöffnung von ca. 6 cm bleibt offen. Nahtzugabe in den Ecken ab-, in den Rundungen einschneiden, wenden und mit dem Kantenformer die Rundungen ausformen, Schnittteile bügeln.

4. Die Borte auf das Fersenteil steppen.

5. Das Fersenteil auf die Sohle stecken. Die hintere Mitte der Sohle trifft dabei auf die Stoffmitte des Fersenteils, dann das Fußteil auf die Sohle stecken. Den Schuh anprobieren, das Fersenteil um die Ferse nach vorne ziehen, sodass es gut sitzt, dann mit einer Nadel in der gewünschten Position am Fußteil feststecken.

6. Den Oberstoff von der Sohle abnehmen, die Seitennähte mit der Nähmaschine steppen. Den Schuh erneut auf die Sohle stecken und im Festonstich (S. 13) annähen.

Zum Schluss die Knöpfe annähen, das Lederband durch die Knopfösen ziehen und zur Schleife binden. Fertig.

Fröhliche Kinderespadrilles

SCHWIERIGKEITSGRAD

SIE BRAUCHEN:

Basisschnitt, siehe S. 88-91

- Baumwollstoff farbig gemustert, 20 cm x 140 cm
- doppelseitig klebendes Vlies, 20 cm x 90 cm
- 80 cm Schrägband
- 50 cm Hosengummi, 0,5 cm breit, oder Gummikordel
- 3 m Baumwollgarn farblich passend zum Stoff
- Sticknadel mit großem Nadelöhr, Nähgarn
- Schere, Papier, Trickmarker selbstlöschend
- Bügeleisen, Stecknadeln

Tipp

Je kleiner die Sohlen sind, umso dichter ist das Jutegewebe, was das Annähen des Oberstoffs im Festonstich recht mühsam macht. Wenn Sie die Naturseite der Sohle einfach gut mit Dampf bügeln, geht besonders das Nähen von Kinderschuhen deutlich leichter.

SO GEHT'S:

1. Das doppelseitige Bügelvlies auf die Rückseite des Oberstoffes bügeln, die Trägerschicht abziehen, den Futterstoff aufbügeln.

2. Den Basisschnitt, hier Größe 26/27, in der gewünschten Größe auf einen Bogen Papier übertragen, dann auf den Stoff. Schnittteile jeweils 2 x gegengleich ohne Nahtzugabe zuschneiden.

3. Die zum Fuß zeigenden Stoffkanten mit Schrägband einfassen.

Beim Fersenteil ein Gummiband mit einfassen oder nachträglich einziehen.

Die Enden des Gummis anziehen und an den Außenkanten des Fersenteils fixieren.

4. Das Fersenteil auf die Sohle stecken. Die hintere Mitte der Sohle trifft dabei auf die Stoffmitte des Fersenteils, dann das Fußteil auf die Sohle stecken.

Den Schuh anprobieren, das Fersenteil so um die Ferse nach vorne ziehen, dass es gut sitzt, dann am Fußteil in der gewünschten Position mit einer Nadel feststecken.

5. Den Oberstoff von der Sohle abnehmen, die Seitennähte mit der Nähmaschine steppen und die Stoffelemente anschließend im Festonstich (S. 13) auf die Sohle nähen.

Für Männer mit Stil

SCHWIERIGKEITSGRAD

SIE BRAUCHEN:

Basisschnitt, siehe S. 88-91

- Wollfilz grau meliert, 3 mm dick, 20 cm x 45 cm
- Wollfilz in Beige, 3 mm dick, 15 cm x 20 cm
- Baumwollgarn in Grau und Dunkelbraun
- Nähgarn in Beige
- Lochzange, Cutter, Schneidematte
- Schere, Papier
- Trickmarker selbstlöschend
- Stecknadeln, Pfriem

Tipp

Für eine plastische Naht in Braun das Garn doppelt nehmen.

Das Ausschneiden der Rauten erfordert etwas Geschick. Alternativ lässt sich auch ein in Rautenform zugeschnittener dünner Baumwollstoff mit doppelseitigem Bügelvlies einfach aufbügeln.

SO GEHT'S:

1. Den Grundschnitt des Fußteils in der gewünschten Größe auf einen Bogen Papier übertragen. Das Fußelement entsprechend der Schemazeichnung aufzeichnen und ausschneiden. Die Passform am eigenen Fuß noch einmal überprüfen, dann die Schnittteile aus dem grau meliertem Filz zuschneiden.

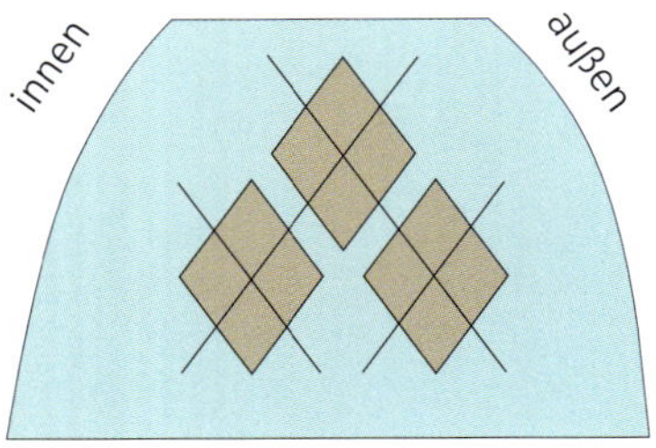

2. Die Rautenform auf die zugeschnittenen Teile zeichnen und mit dem Cutter exakt ausschneiden. Der Filz dient jetzt als Schablone für die Rauten in Beige.

3. Grauen Filz auf beigen Filz legen. Mit dem Cutter die beigen Rauten exakt ausschneiden. Die einzelnen Rautenelemente nacheinander per Geradstich von Hand in den grauen Filz einnähen.

4. Die Linienführung für die braunen Stepplinien aufzeichnen. Die gekreuzten Linien im Rückstich arbeiten. Da der Filz sehr dick ist, empfiehlt es sich, jedes Loch mit einem Pfriem vorzustechen. Die Fadenenden auf der Rückseite vernähen.

5. Das fertige Fußelement auf die Sohle stecken und im Festonstich (S. 13) annähen.

Sandalen aus Hosenträgergummi

SCHWIERIGKEITSGRAD

SIE BRAUCHEN:

* Hosenträgergummi in Neonorange, 3,5 cm breit, je nach Modell 80–140 cm lang
* Nähgarn in Neonorange
* Schere
* Nähnadel
* Stecknadeln
* Feuerzeug

Diese Modelle werden direkt am Fuß modelliert. Sie sind nicht nur sehr leicht herzustellen, sondern auch sehr bequem.

SO GEHT'S:

1. Den Fuß auf die Sohle stellen, die Gummibänder in der gewünschten Form anordnen, dann mit Stecknadeln an den Seitenrändern feststecken.

2. Die Gummibänder exakt am Sohlenrand abschneiden. Die Positionierung der Bänder an der Sohle mit Nadeln markieren. Die Bänder wieder von der Sohle abnehmen.

3. Mit dem Feuerzeug die Ränder der Bänder vorsichtig abflämmen, damit diese später nicht ausfransen.

4. Bänder wieder exakt auf die Position stecken und unsichtbar annähen.

Damit alles gut hält, eine sehr enge Stichweite wählen und einmal hin- und einmal zurücknähen.

Leder und Leinen

SCHWIERIGKEITSGRAD

SIE BRAUCHEN:

Basisschnitt, siehe S. 88–91

- Wildleder in Beige, 40 cm x 20 cm
- Wildleder in Hellgrau, 25 cm x 25 cm
- Leinenstoff in Beige, 20 cm x 20 cm
- doppelseitig klebendes Vlies, 20 cm x 20 cm
- Band zum Schnüren, 3 m
- Baumwollgarn in Beige
- 2 Metallnieten
- Nähnadel mit großem Öhr
- Lochzange, Nietenzange
- Schere, Papier,
- Trickmarker selbstlöschend
- Stecknadeln, Bügeleisen

SO GEHT'S:

1. Den Basisschnitt für das Fußteil in der passenden Größe sowie alle anderen Schnittteile von S. 92 auf einen Bogen Papier übertragen. Die Passform am eigenen Fuß überprüfen, gegebenenfalls anpassen.

Das Fußteil aus dem beigefarbenen Leder zuschneiden, den Rest in Hellgrau.

2. Die Fersenelemente entsprechend der Markierung lochen. Je zwei Fersenteile so an der hinteren Mitte zusammenlegen, dass sie sich 0,5 cm überlappen. Im Geradstich von Hand zusammennähen, dabei einmal hin- und einmal zurücknähen.

Leinenstoff mit doppelseitigem Vlies bebügeln, dann auf die Innenseite des Fersenteils bügeln. Entlang der Lederkontur zurückschneiden.

3. Den abgerundeten Riegel mittig falten, über die obere Fersenkante legen, alles mittig lochen, dann annieten.

4. Fuß- und Fersenteil an den Sohlenkanten im Abstand von ca. 0,5 cm lochen, auf die Sohle stecken, per Festonstich (S. 13) annähen.

5. Den Schuh anziehen, die Position des vorderen Riegels festlegen. Den Riegel feststecken. Leder an der entsprechenden Stelle mit der Lochzange vorlochen und den Riegel von Hand annähen. Zum Schluss das Band einfädeln.

Colorsnaps-Sandalen

SCHWIERIGKEITSGRAD

SIE BRAUCHEN:

Schnittvorlagen, siehe S. 93

- Wildleder in Braun, 45 cm x 35 cm
- Stoff für Muster, 20 cm x 35 cm
- 54 Color-Snaps, bunt gemischt
- Variozange mit Color-Snaps-Aufsatz
- Lochzange
- Baumwollgarn in Türkis
- Nähgarn in Braun
- Nähnadel mit großem Öhr,
- Schere, Papier, Stecknadeln
- Markierstift für helle Stoffe

SO GEHT'S:

1. Alle Schnittteile von S. 93 auf einen Bogen Papier übertragen. Die Passform am eigenen Fuß überprüfen, gegebenenfalls anpassen.

Dann die Schnittteile auf Leder übertragen und ausschneiden.

2. Jeweils zwei Fersenelemente deckungsgleich übereinanderlegen, entlang der Nahtzugabe absteppen, die Nahtzugabe knappkantig zurückschneiden.

3. Das Fersenelement am unteren Rand im Abstand von 1 cm ringsum lochen, mit Nadeln auf die Sohle stecken, die Position des Riemchens festlegen.

Das Riemchen Kante an Kante zur Ferse legen und die beiden Teile mit einem breiten, engen Zickzackstich zusammennähen. Fadenenden verknoten.

4. Die Fußelemente an den Seitenrändern im Abstand von ca. 0,5 cm lochen, dann auf die Sohle stecken. Die exakte Position der überlappenden Strecke am eigenem Fuß festlegen und fixieren. Fußelemente wieder abnehmen. Die Druckknöpfe gleichmäßig ausrichten, den Mittelpunkt der Köpfe markieren und lochen. Druckknöpfe anbringen.

5. Fuß- und Fersenelement mit dem Kreuzstich (S. 14) an die Sohle annähen.

6. Zum Schluss die Druckknöpfe am Riemchen anbringen. Einen zusätzlichen Druckknopf am Übergang zwischen hinterer Mitte und Riemchen platzieren. Fertig!

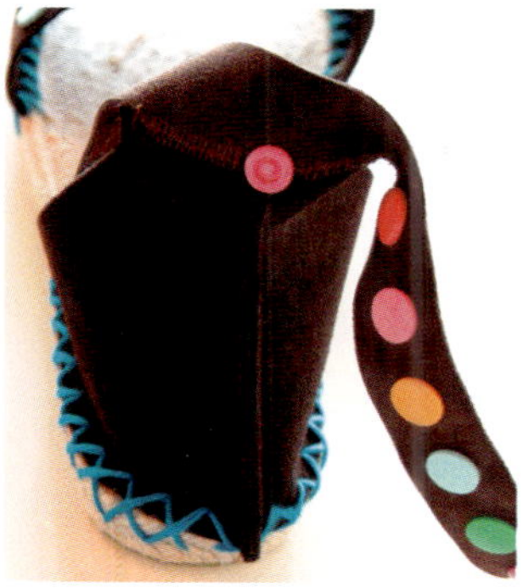

Kinder-Schläppchen

SCHWIERIGKEITSGRAD

SIE BRAUCHEN:

Schnittvorlagen, siehe S. 94 oben

Riemchen durchgehend

- Wildleder, 30 cm x 20 cm
- 18 Color-Snaps in 3 Farben
- Lederkleber

Riemchen geknöpft

- Wildleder, 25 cm x 20 cm
- 6 Color-Snaps in 3 Farben
- Filzrest in Rosa
- Textilkleber

Außerdem

- Baumwollgarn in Grün (Rest) für Nadelstärke 1–2
- Häkelnadel Stärke 1,5 mm
- Lochzange, Schere, Papier
- Variozange mit Color-Snap-Aufsatz
- Trickmarker selbstlöschend
- Nähnadel mit großem Nadelöhr

Tipp

Alternativ zu Leder kann auch ein 2 mm starker Filz verwendet werden.

Wer nicht häkeln kann, zieht einfach ein dickes Garn durch die Löcher.

SO GEHT'S:

1. Schnittvorlage in Größe 26/27 ausschneiden. Papierschnitt auf den Fuß legen, bei Bedarf der Fußform anpassen. Um die Vorlage auf andere Schuhgrößen anzupassen, wird sie entsprechend des Basisschnittes an den zur Sohle zeigenden Rändern verbreitet. Somit bleibt die Position der Knöpfe immer erhalten.

2. Die Form mit dem Trickmarker auf das Leder übertragen. Für den rechten und linken Fuß einmal gegengleich arbeiten.

3. Das Leder ausschneiden und ringsum im Abstand von 1 cm mit der Lochzange lochen. Fersenelement aus Filz oder Leder zuschneiden. Das Lederelement mit einem Lochmuster versehen, das Filzelement ringsum lochen.

4. Die Lederelemente sowie das Fersenelement aus Filz am Rand umhäkeln. Dafür in jedes Loch 3 feste Maschen, zwischen den Löchern eine Luftmasche häkeln.

5. Die Lederriemchen unsichtbar an der Sohle annähen.

6. Die Color-Snaps mit der Variozange anbringen. Bei dem geknöpften Schuh die Position der Color-Snaps noch einmal überprüfen

7. Zum Schluss die Fersenelemente aufkleben.

Bunte Pompon-Sandalen

SCHWIERIGKEITSGRAD

SIE BRAUCHEN:

Schemazeichnung, siehe S. 94 unten

- Wollfilz in Rot, 2 mm dick, 40 cm x 15 cm
- Baumwollstoff in Rot für die Sohle, 30 cm x 30 cm
- Bügelvlies, 30 cm x 30 cm
- Schrägband in Rot, 1 m
- Wollreste in verschiedenen Rottönen
- Pompon-Set
- rotes Nähgarn
- Nähnadel, Wollnadel
- Cutter, Schneidematte, Lineal
- Maßband, Trickmarker selbstlöschend
- Stecknadeln, Textilkleber

Tipp

Dieses Modell kann auch von Hand gefertigt werden, dazu die Sohle nicht mit Schrägband einfassen, sondern im Festonstich annähen.

SO GEHT'S:

1. Den Umfang des Fußes an der breitesten Stelle ausmessen. Diesem Maß entsprechend zwei 3 cm breite Filzstreifen zuschneiden.

Die Filzstreifen an der kurzen Seite von Hand zum Ring zusammennähen.

Dann auf die breiteste Stelle der Sohle kleben. Zuvor die exakte Position am eigenen Fuß noch einmal überprüfen. Die Nahtstelle liegt mittig auf der Sohle. Filzstreifen beschweren und Textilkleber gut durchtrocknen lassen.

2. Das Vlies auf den Sohlenstoff bügeln. Die Sohlenform auf der Vliesseite aufzeichnen (siehe S. 11 f.). Achtung, gegengleich arbeiten (rechter und linker Schuh).

3. Die Sohle mit dem Schrägband einfassen. Dazu kleine Stichlänge an der Nähmaschine wählen. Schrägband auf der Sohlenrückseite in den Rundungen einschneiden. Die fertige Stoffsohle bügeln.

4. Die Stoffsohle über den Filzring auf die Schuhsohle kleben. Die Sohle beschweren, gut trocknen lassen

5. 20 kleine Pompons in unterschiedlichen Rottönen anfertigen. Diese auf den zweiten Filzstreifen (s. Schemazeichnung S. 94) nähen. Den Pomponstreifen auf den Filzring nähen. Die Seitenkanten der Filzstreifen entlang der Sohlenkante fest annähen.

Aus Wolle und Garn

Aus Wolle und Garn

Wissenswertes rund um Wolle und Garn

Zum Häkeln und Stricken eignen sich Baumwollgarne besonders gut, da sie stabil und kaum elastisch sind. Man kann aber auch andere Garne verwenden, die man allerdings mit einem dünnen Baumwollgarn doppeln oder mit einem Stoff unterlegen sollte. Wählen Sie die Nadelstärke am besten immer zwei Nummern kleiner als vom Hersteller angegeben, dann wird das Maschenbild schön fest – so bleiben Ihre Schuhe stabil.

Für die Modelle auf den folgenden Seiten sind zumindest Grundkenntnisse in den Bereichen Häkeln und/oder Stricken notwendig. Damit Ihnen Ihre Espadrilles auch möglichst gut passen, sollten Sie zudem die nachfolgenden Tipps berücksichtigen.

Garnauswahl

Gut geeignet sind feste, unelastische Garne, wie z. B. Baumwolle oder Baumwollgemische. Bei der Auswahl der Wolle einfach am Fadenanfang ziehen: Wenn sich das Garn kaum dehnt, eignet es sich für das Schuhprojekt. Wer mit reinen, eher elastischen Wollgarnen arbeiten möchte, doppelt diese mit einem dünnen, farblich passenden Baumwollfaden. Grundsätzlich empfehlen sich für die Herstellung Ihrer Espadrilles atmungsaktive Naturgarne.

Maschenbild

Die Festigkeit des Maschenbildes hängt von der individuellen Arbeitsweise ab. Wer locker häkelt oder strickt, erhält ein eher loses Maschenbild, wer eher fest arbeitet, erhält ein dichtes Maschenbild. Wählen Sie prinzipiell 1 bis 2 Nadelstärken kleiner, als vom Hersteller für die verwendete Wolle angegeben ist.

Vorlagengröße

Da Wolle deutlich elastischer ist als Stoff, empfiehlt es sich, den Grundschnitt (siehe S. 88 ff.) zwei Schuhgrößen kleiner als die eigentliche Sohlengröße zu verwenden. Fertigen Sie immer eine Maschenprobe an.

Fußform

Jeder Fuß ist anders: Passen Sie den Schnitt an Ihren eigenen Fuß an, indem Sie ihn nötigenfalls breiter oder schmaler machen.

Musterauswahl

Ein besonders dichtes Maschenbild erzielt man beim Häkelt mit den sogenannten festen Maschen, die im Übrigen auch die einfachsten Maschen sind.

Für gestrickte Espadrilles eignen sich z. B. Perlmuster, Webmuster oder Muster mit Fadenflottungen, die automatisch das Material verstärken.

Besonders elastische Muster sollten mit Stoff hinterlegt werden. Damit sorgt man etwa bei einem Lochmuster nicht nur für einen guten Halt, sondern erzielt ganz nebenbei auch noch einen schönen Farbeffekt.

Wie entsteht die Form?

Die Originalvorlagen für genähte Espadrilles finden Sie auf S. 88 bis 91. Für das Arbeiten mit Wolle müssen diese wie im Folgenden beschrieben angepasst werden:

1. Das Fußteil muss an der unteren Bogenkante begradigt werden.

2. Das Fersenteil muss ebenfalls an der oberen Bogenkante begradigt werden. Damit dadurch das Fersenteil an der hinteren Mitte nicht zu hoch wird, den oberen Punkt der ursprünglichen hinteren Mitte auf die begradigte Kante legen, dann den unteren Bogen entsprechend nach oben rücken. Die Fersenseite wird dadurch schmaler. Wer das nicht wünscht, beginnt einfach etwas später mit der Maschenabnahme.

3. Die Seitenkanten müssen ebenfalls begradigt werden: Da Wolle elastisch ist, reicht weniger Übertritt zum Fußteil.

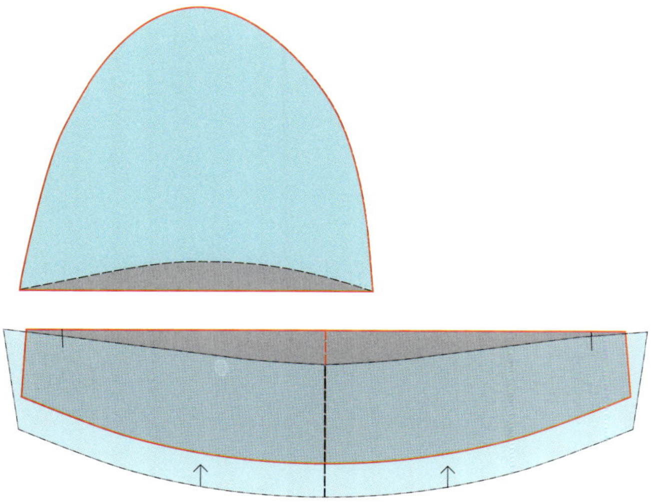

4. Der Maschenanschlag beginnt immer an der geraden Seite der Vorlage.

Maschenabnahme

Bei der Maschenabnahme können Sie je nach Material und Muster wie folgt vorgehen:

In jeder 2. Reihe 1. Masche überspringen letzte Masche auslassen

In jeder Reihe 1. Masche überspringen letzte Masche auslassen

∩ Innerhalb der Fläche eine Masche überspringen

Beim Häkeln wird eine Masche abgenommen, indem Sie eine Masche der Vorreihe auslassen, beim Stricken werden zwei Maschen zusammengestrickt.

Ordentliche Kanten

Für einen schönen Rand überspringen Sie beim Häkeln die 2. Masche ab Reihenanfang. Beim Stricken strickt man die 2. Masche mit der 3. Masche zusammen. Am Reihenende arbeitet man gegengleich: Beim Häkeln vorletzte Masche der Reihe überspringen, beim Stricken vorletzte und vorvorletzte Masche zusammenstricken.

Ordentliche Ränder erhalten Sie auch, wenn Sie Ihre Strick- oder Häkelarbeit am Ende mit festen Maschen umhäkeln.

Maschen rechts zusammenstricken

Am rechten Rand der Strickarbeit strickt man die Maschen „rechts überzogen" zusammen, das heißt, man hebt zunächst eine Masche wie zum Rechtsstricken ab, strickt die folgende Masche rechts und hebt dann die abgehobene Masche über die gestrickte Masche.

Am linken Rand strickt man zwei Maschen rechts zusammen, indem man von links nach rechts in beide Maschen einsticht und diese zusammen abstrickt.

Zopfmuster für Männer

SCHWIERIGKEITSGRAD

SIE BRAUCHEN:

Schlappe offen

* 50 g Baumwolle in Grau, LL ca. 120 m, Stärke 3,5-4

Schlappe geschlossen

* 50 g merzerisierte Baumwolle in Hellbraun; LL ca. 130 m; Stärke 3-4
* 50 g reine Merinowolle, Stärke 3,5-4
* Wollfilz, 2 mm dick, 25 cm x 20 cm

Außerdem

* Stricknadel Stärke 2,5, Zopfnadel,
* Nähnadel, Wollnadel
* Schere

SO GEHT'S:

Alle Angaben sind für Espadrilles in Größe 42 für andere Größen bitte mithilfe einer Maschenprobe anpassen.

Strickmuster

Links verkreuzen über 6 Maschen: Mit der Zopfnadel 3 Maschen vor die Arbeit legen, 3 Maschen rechts stricken, dann die 3 stillgelegten Maschen von der Zopfnadel abstricken.

Rechts verkreuzen über 6 Maschen: Mit der Zopfnadel 3 Maschen hinter die Arbeit legen, 3 Maschen rechts stricken, dann die 3 stillgelegten Maschen von der Zopfnadel rechts abstricken.

Schlappe offen

1. Für den Vierfachzopf 28 Maschen + 2 Randmaschen anschlagen, zusätzlich 2 Randmaschen.

R 1 RM, 28 M re, RM

R 2 RM, 5 M re, 18 M li, 5 M re, RM

R 3 RM, 8 M re, 2 x 6 M links verkreuzen, 8 M re, RM

R 4 RM, 5 M re, 18 M li, 5 M re, RM

R 5 RM, 28 M re, RM

R 6 RM, 5 M re, 18 M li, 5 M re, RM

R 7 RM, 5 M re, 3 x 6 M re verkreuzen, 5 M re, RM

R 8 RM, 5 M re, 18 M li, 5 M re, RM

Reihe 1-8 wiederholen, bis das Strickstück 16 cm lang ist.

2. Die breiteste Stelle des Fußes ausmessen, in entsprechender Länge einen 7 cm breiten Filzstreifen zuschneiden.

3. Den Filzstreifen unsichtbar an der Sohle annähen, den Zopf darüber nähen.

Tipp

Versierte Strickerinnen können auch einen Schuh mit geschlossenem Fußteil stricken.

Dazu zunächst am Zopfmuster an einer Seite 4 rechte Maschen weglassen.

Dann aus der langen Seite des Zopfes 34 Maschen aufnehmen und das Fußteil im Perlmuster anstricken.

Die Maschenabnahme dem Fuß entsprechend anpassen. Für ein festes Maschenbild mit doppeltem Garn (Baumwollgarn mitlaufen lassen) arbeiten.
Es empfiehlt sich, das vordere Fußteil ebenfalls mit Stoff zu unterlegen.

Wunderschön in Grün

SCHWIERIGKEITSGRAD

SIE BRAUCHEN:

- 100 g reine Merinowolle in Petrol, LL 40 m, Stärke 12
- 50 g Merinowolle in Grün
- Wollrest in Pink
- Stricknadel Stärke 9-10

SO GEHT'S:

Webmuster

Hinreihe: RM, * 1 M re; Faden vor die Arbeit legen, 1 M li abheben, Faden hinter die Arbeit legen, ab * stets wiederholen, mit RM enden

Rückreihe: RM, * 1 M li, Faden hinter die Arbeit legen, 1 M li abheben, Faden vor die Arbeit legen, ab * stets wiederholen, mit RM enden

Perlmuster

Hinreihe: RM, *1 M re, 1 M li, ab * stets wiederholen, mit RM enden

Rückreihe: RM, *1 M li, 1 M re, ab * stets wiederholen, mit RM enden

Glatt rechts

Hinreihe re; Rückreihe li

20 Maschen für das Muster anschlagen, zusätzlich 2 Randmaschen.

R 1-21 Im Webmuster arbeiten, * bis * stets wiederholen, in **R 13, 19, 21** am Anfang und Ende der Reihe jeweils 2 Maschen zusammenstricken.

R 23-25 Perlmuster, jeweils 2 Maschen am Anfang und Ende der Reihe zusammenstricken.

R 26 Maschen abketten.

Hellgrünes Dreieck

10 Maschen an der Maschenkante des Fußteils aufnehmen.

Rechter Schuh (glatt rechts):

R 1 Rückreihe, 1 M li abheben, 1 M li, die abgehobene M über die gestrickte M ziehen; dann alle M links.

R 2 Alle M re, die letzten 2 M re zusammenstricken.

R 1 + 2 wiederholen, bis nur noch eine Masche übrig ist.

Linken Schuh gegengleich arbeiten.

Schleife in Rosa

2 Luftmaschenketten mit je 10 Maschen häkeln, jeweils mittig falten, dann durch das Dreieck und Fußteil ziehen, von innen festnähen. Schön verschlingen.

Das Fußteil unsichtbar um die Sohle nähen.

Doubleface-Schläppchen

SCHWIERIGKEITSGRAD

SIE BRAUCHEN:

Für den Oberschuh

* je 50 g merzerisierte Baumwolle in Beige und Orange, LL ca. 120 m; Stärke 3–4

Für die Sohle

* Bastelfilz in Orange, 20 cm x 30 cm
* Espadrilles-Futterstoff, aufbügelbar, in Grau, 40 cm x 40 cm, alternativ doppelseitig klebendes Bügelvlies sowie Baumwollstoff in Grau, 20 cm x 30 cm
* Nähgarn in Grau

Außerdem

* Stricknadel Stärke 2,5
* Papier, Trickmarker selbstlöschend
* Nähnadel, Wollnadel
* Schere, Bügeleisen, Textilkleber

SO GEHT'S:

1. Die Sohlenform jeweils 2 x auf den Filz und den Espadrilles-Futterstoff übertragen (siehe S. 11 f.). Den rechten und linken Schuh gegengleich arbeiten.

Den Futterstoff ringsum 0,5 cm kleiner ausschneiden als den Filz. Dann den Futterstoff auf den Filz bügeln.

2. Die Sohle gleichmäßig mit Textilkleber bestreichen, Stoffsohle einkleben, beschweren und gut trocknen lassen.

3. Muster mit Doubleface-Effekt für das Riemchen:

Strickmuster

Es wird über 26 Reihen kraus rechts gestrickt. In Reihe 6, 12 und 18 jeweils die ersten beiden und letzten beiden Maschen zusammenstricken. Gegebenenfalls Abnahmen und Anzahl der Reihen an den eigenen Fuß anpassen.

R 1 Für Größe 37 40 Maschen in Beige anschlagen.

R 2 Immer im Wechsel eine Masche in Beige, eine in Orange stricken.

Besonderheit:

Der Arbeitsfaden in Beige liegt auf der linken Hand, der Arbeitsfaden in Orange auf der rechten Hand. Aus dieser Position wird jetzt immer eine Masche im Wechsel rechts gestrickt.

R 3 Die Garnfarben jetzt tauschen. Beige liegt auf der rechten, Orange auf der linken Hand.

Den Wechsel der Garnführung in jeder Reihe wiederholen. Die letzte Reihe in Beige abketten. Dann die Fäden vernähen.

4. Die Stoffsohle ringsum im Blindstich mit dem Nähgarn an die Schuhsohle nähen. Dann das Riemchen unsichtbar annähen.

Gehäkelt und genäht

SCHWIERIGKEITSGRAD

SIE BRAUCHEN (FÜR GRÖSSE 37–38):

Basisschnitt, siehe S. 88-91

- 50 g merzerisierte Baumwolle; LL ca. 120 m; Stärke 3-4
- Baumwollstoff in 2 Farben, 35 cm x 25 cm
- Häkelnadel Stärke 2,5
- Nähgarn
- Bügeleisen, Schere
- Nähnadel mit großem Öhr, Trickmarker selbstlöschend
- Papier

SO GEHT'S:

Ferse

1. Schnittvorlage in gewünschter Größe mit je 1 cm Nahtzugabe 2 x aus dem Oberstoff und 2 x aus dem Futterstoff zuschneiden.

2. Futterstoff und Oberstoff rechts auf rechts legen, bei 1 cm vom Rand ringsum steppen. Eine Wendeöffnung von ca. 6 cm bleibt offen.

3. Nahtzugabe an den Ecken ab-, in den Rundungen einschneiden. Stoffe wenden.

4. Mit dem Kantenformer die Rundungen ausformen, Schnittteile bügeln.

Fußteil

Maschenanschlag 38+1 M

R 1 38 fM;

R 2+3 38 Stb

R 4 38 fM

R 5 2 Stb in die 1. M, *2 M überspringen; 3 Stb in eine M*, ab * 11x wiederholen; 2 M überspringen, 2 Stb in 1 M, 1 Stb.

R 6 *3 Stb in den Zwischenraum der Vorreihe; ab * 12 x wiederholen;

R endet mit 1 Stb.

R 7 *3 Stb in den Zwischenraum der Vorreihe; ab * 11 x wiederholen;

R endet mit 1 Stb.

R 8 2 Stb in den Zwischenraum der Vorreihe; *3 Stb in den Zwischenraum der Vorreihe; ab * 11 x wiederholen

R 9 *3 Stb in den Zwischenraum; ab * 10 x wiederholen; R endet mit 1 Stb.

R 10 wie Reihe 9; 10 x wiederholen

R 11 wie Reihe 10; 9 x wiederholen

R 12 wie Reihe 11; 8 x wiederholen

R 13 wie Reihe 12; 7 x wiederholen

R 14 17 Stb

R 15 15 Stb (1. + letzte Masche der Vorreihe auslassen)

R 16 15 fM

R 17-20 fM, in jeder R. 2 M abnehmen.

Zum Schluss die ganze Außenkontur mit 1 R fM umhäkeln.

Fertigstellung

Fuß- und Fersenelement auf die Sohle stecken, dann im Festonstich (S. 13) annähen. Die Seitennaht zusammennähen. Fertig.

Sonnengelbe Sommerlaune

SCHWIERIGKEITSGRAD

SIE BRAUCHEN:

- 50 g merzerisierte Baumwolle in Ecru, LL ca. 120 m, Stärke 3-4
- 6 Häkelringe rund, Durchmesser 39 mm
- 6 Häkelringe flach, Durchmesser 25 mm
- Rocailles in Grün und Gelb, 6 Perlen in Rot
- Baumwollstoff in Gelb für die Sohle, 30 cm x 30 cm
- doppelseitig klebendes Vlies, aufbügelbar
- Nähgarn in Ecru
- Baumwollgarn, Rest in Rot
- Häkelnadel Stärke 2,5
- Papier, Trickmarker selbstlöschend
- Perl-, Näh- und Wollnadel
- Schere, Bügeleisen

SO GEHT'S:

1. Doppelseitiges Vlies auf den Sohlenstoff bügeln, Form übertragen (siehe S. 11), Sohle ausschneiden. Den rechten und linken Schuh gegengleich arbeiten.

Sohlenstoff auf die Schuhsohle bügeln.

2. Für das Riemchen den ersten großen Häkelring zur Hälfte mit festen Maschen umhäkeln, dann eine Luftmasche häkeln und den zweiten großen Häkelring ebenfalls zur Hälfte mit festen Maschen umhäkeln. Dann folgt wieder eine Luftmasche, und der dritte Ring wird komplett mit festen Maschen umhäkelt. Dann eine Kettmasche über die Übergangsluftmasche häkeln und die zweite Hälfte des mittleren Ringes mit festen Maschen umhäkeln. Wiederum eine Kettmasche über die Übergangsluftmasche zum ersten Ring häkeln und dessen zweite Hälfte umhäkeln. Runde mit einer Kettmasche schließen.

3. Die kleinen Häkelringe einzeln mit festen Maschen umhäkeln und Runde jeweils mit einer Kettmasche schließen. Alle Fäden vernähen. Die kleinen Häkelringe von hinten in die großen schieben, dann auf der Rückseite ringsum mit Garn einnähen.

4. Mit der Perlnadel die Rocailles in Gelb auf den Rand der kleinen Häkelringe nähen, die grünen auf den Rand der großen. Die roten Perlen mittig annähen.

5. Das Riemchen passend zur Fußform auf der Sohle platzieren und von Hand annähen. Wer das Riemchen verbreitern möchte, häkelt an den äußeren Ringen über jeweils 8 Maschen hinweg 2 bis 4 Reihen feste Maschen.

6. Zum Schluss die Sohle mit einem Steppstich (siehe S. 14) in Rot einfassen, dann einen langen Faden in Ecru durch den Steppstich ziehen. Die Garnenden unter dem Riemchen vernähen.

Bunte Noppen

SCHWIERIGKEITSGRAD

SIE BRAUCHEN:

- je 50 g merzerisierte Baumwolle in Rosa und Ecru, LL 130 m; Stärke 3–4
- Wollreste in Orange, Rot, Pink und Gelb
- Nähgarn in Rosa/Ecru
- Häkelnadel Stärke 2,5
- Nähnadel mit großem Öhr
- Schere

SO GEHT'S:

Die Schuhe werden in festen Maschen nach der Häkelschrift gehäkelt. Diese gilt für Größe 26/27. Für andere Größen Maschenprobe anfertigen und Häkelschrift entsprechend anpassen.

Für den Schuh in Größe 37 schlägt man 43 Luftmaschen an, die erste Reihe hat 42 feste Maschen (die 43. Luftmasche dient als Wendeluftmasche). In der 22. und letzten Reihe zählt das Häkelstück noch 29 Maschen.

Noppen

Die farbigen Noppen bestehen aus jeweils 5 Stäbchen, die in eine Einstichstelle gearbeitet werden.

Für den Farbwechsel die letzte feste Masche vor der Noppe nicht abmaschen, sondern 2 Schlingen auf der Häkelnadel lassen und die Masche mit der neuen Farbe beenden.

Dann einen Umschlag machen und das 1. Stäbchen arbeiten, bis Sie nur noch zwei Schlaufen auf der Nadel haben.

Die vier folgenden Stäbchen ebenso arbeiten, sodass Sie am Ende 6 Schlingen auf der Nadel haben. Diese maschen Sie dann mit der Grundfarbe ab.

Die Noppe auf die Vorderseite drücken. In der folgenden Reihe die Noppe immer nur mit einer Masche überhäkeln.

Fertigstellen

Die Häkelriemchen auf die Sohle stecken und unsichtbar annähen. Die Sohle im Festonstich einfassen, entlang des Riemchens einen Rückstich wählen.

Häkelschrift

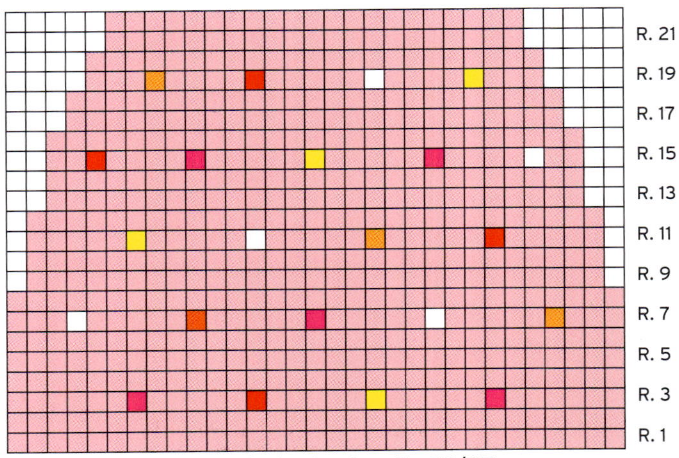

1. Reihe 31 feste Maschen (Gr. 26/27)
Maschenanschlag 32 Lfm

Streifen-Schläppchen

SCHWIERIGKEITSGRAD

SIE BRAUCHEN:

- 50 g merzerisierte Baumwolle in Hellbraun, LL 130 m, Stärke 3-4
- Wollreste in Rosa, Rot, Grün und Lila
- Häkelnadel Stärke 2,5
- Nähnadel mit großem Öhr, Schere

SO GEHT'S:

1. Die Schuhe werden in festen Maschen nach der Häkelschrift gehäkelt. Diese gilt für Größe 37. Für andere Größen Maschenprobe anfertigen und Häkelschrift entsprechend anpassen.

Beginnen Sie mit dem vorderen Fußteil. Die Wolle in Hellbraun wird mitgeführt. Die Fadenenden aller anderen Farben müssen separat vernäht werden.

2. Die Seitenteile werden direkt an die gerade Seite des Fußteils angehäkelt.

3. Nach Fertigstellung der Seitenteile wird der komplette äußere Rand der Schuhe noch einmal mit festen Maschen in Hellbraun umhäkelt.

4. Den gehäkelten Oberschuh auf die Sohle stecken, dann ringsum im Festonstich (S. 13) annähen.

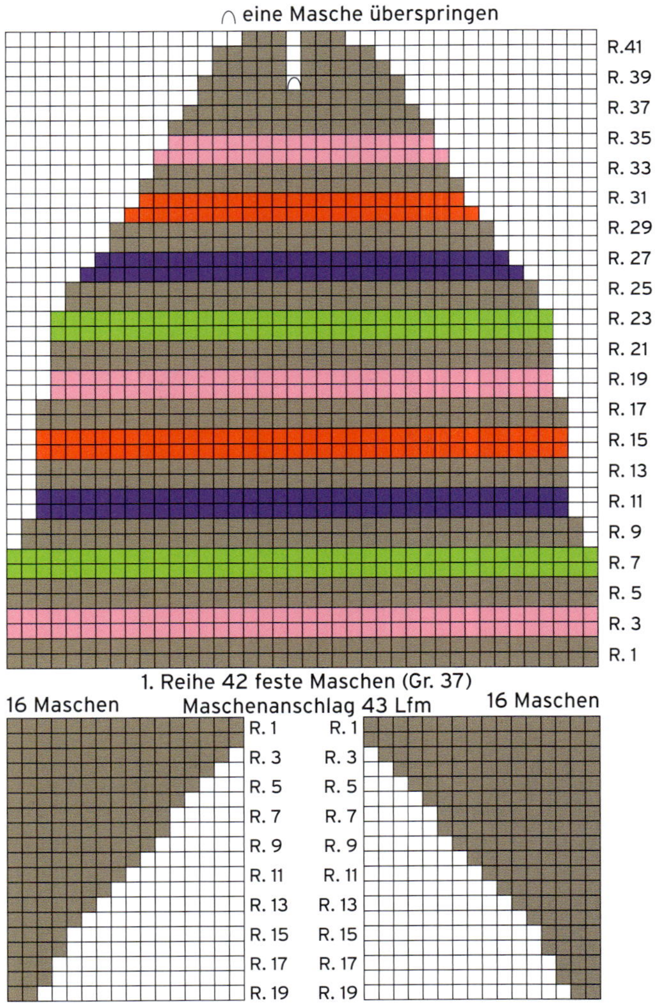

Tipp

Unbedingt eine Maschenprobe anfertigen und am eigenen Fuß prüfen. Das machen Sie am besten laufend während der Anfertigung. Da die Form in zwei Richtungen gearbeitet wird, lassen sich nachträgliche Korrekturen nur schwer ausführen. Wer sich unsicher fühlt, kann die Seitenteile auch separat häkeln und anschließend an das Vorderteil nähen.

Zickzack-Trend

SCHWIERIGKEITSGRAD

SIE BRAUCHEN:

- je 50 g merzerisierte Baumwolle in Dunkelgrün, Türkis und Oliv; LL 125 m; Stärke 3-4
- Häkelnadel Stärke 2,5
- Nähnadel mit großem Öhr, Schere

SO GEHT'S:

Zickzackmuster

Das Muster besteht aus „Bergen" (3 Maschen in 1 Masche der Vorreihe häkeln) und „Tälern" (2 Maschen der Vorreihe überspringen).

Zwischen Berg und Tal befinden sich immer gleich viele Maschen, bei diesem Modell sind es 3 Maschen.

Die „Bergspitze" der Folgereihe wird immer in die 2. Masche (die Mitte) der darunterliegenden Spitze gearbeitet.

Besonders plastisch wird das Muster mit einer schönen Farbkombination wie hier im Beispiel mit 2 Reihen Oliv, 1 Reihe Türkis und 2 Reihen Dunkelgrün.

Die folgende Anleitung bezieht sich auf Schuhgröße 37, lässt sich aber mithilfe einer Maschenprobe auch auf andere Schuhgrößen anpassen.

1. Für das Fußelement 47+2 Maschen anschlagen.

R 1 R mit der 3. M von der Nadel aus beginnen mit *3 fM; 3 fM in 1 M; 3 fM; dann 2 M überspringen. Ab * bis zum Reihenende wiederholen, R mit 2 fM beenden.

R 2 1 Wende-Lfm, 1 fM, *2 M der Vorreihe überspringen; 3 fM; 3 fM in 1 M; 3 fM. Ab *bis zum Reihenende wiederholen, Reihe mit 1 fM beenden.

R 3-11 1 Wende-Lfm; 1 fM; 1 M überspringen, *3 fM; 3 fM in 1 M; 3 fM; 2 M überspringen. Ab * bis zum Reihenende wiederholen, die Reihe endet mit 1 M überspringen, 1 fM.

2. Für das Fersenelement 50+2 Maschen anschlagen. Es wird nach derselben Anleitung wie das Fußelement gehäkelt und geht ebenfalls über 11 Reihen. Ab der 8. Reihe rechts und links immer eine Masche abnehmen.

3. Das Band wird in Mäusezähnchen gearbeitet: *3 Lfm häkeln; in 1. Lfm eine feste Masche häkeln, ab * bis zum Erreichen der gewünschten Bandlänge wiederholen.
2 Bändchen (für jede Seite eins) anfertigen und an das Fersenelement annähen.

4. Alle Fäden vernähen. Fuß- und Fersenelement unsichtbar annähen (siehe S. 15).

Froschkönig

SCHWIERIGKEITSGRAD

SIE BRAUCHEN:

- 50 g merzerisierte Baumwolle in Grün, LL 130 m; Stärke 3–4
- Wollreste in Türkis
- 2 Styroporkugeln, Durchmesser 3 cm
- Häkelnadel Nadelstärke 2,5
- Nähnadel mit großem Öhr, Schere
- Stecknadeln
- Permanentmarker in Schwarz

SO GEHT'S:

Die Schuhe werden in festen Maschen nach der Häkelschrift gehäkelt. Diese gilt für Größe 26/27. Für andere Größen Maschenprobe anfertigen und Häkelschrift entsprechend anpassen.

1. Beginnen Sie mit dem vorderen Fußteil entsprechend der Häkelschrift. Bei der Maschenzahl wurde eine Mehrweite für die Nasenform berücksichtigt, diese wird nach Fertigstellung des ganzen Schuhs am Fuß modelliert und von Hand abgenäht.

2. Die Maschen für die Seitenteile werden direkt an die gerade Seite des Fußteils angehäkelt.

3. Nach Fertigstellung der Seitenteile wird die komplette Außenkontur der Schuhe noch einmal mit festen Maschen in Türkis umhäkelt.

4. Gehäkelten Oberschuh auf die Sohle stecken und im Festonstich annähen.

5. Für die Augen eine Luftmaschenkette mit 6 Maschen anschlagen und mit einer Kettmasche zum Ring schließen.

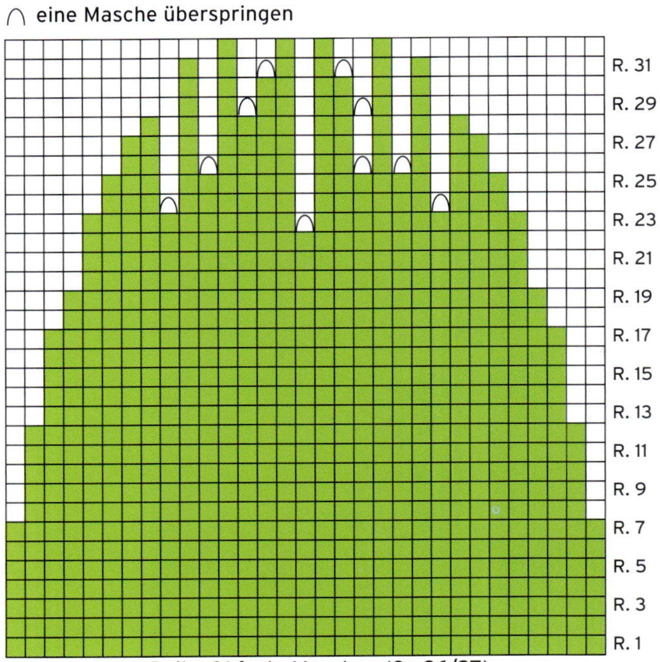

1. Reihe 31 feste Maschen (Gr. 26/27)
Maschenanschlag 32 Lfm

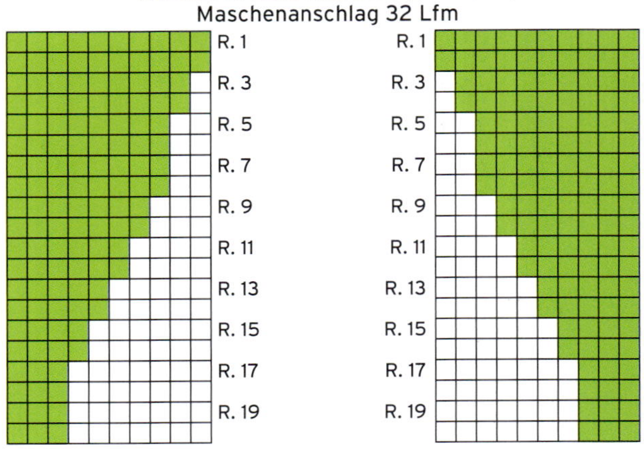

R 1 12 feste Maschen um den Ring häkeln und Runde mit einer Kettmasche schließen – dies gilt für alle weiteren Runden.

R 2 Alle Maschen verdoppeln (24 Maschen).

R 3 6 Maschen verdoppeln (30 Maschen).

R 4 Alle Maschen der Vorrunde einfach überhäkeln (30 Maschen).

R 5 Gleichmäßig verteilt 6 Maschen auslassen (24 Maschen).

Jetzt die Kugel einlegen und die Pupille aufmalen, trocknen lassen.

Die letzten beiden Runden werden direkt an der Kugel gehäkelt, dabei die Maschenabnahme entsprechend der Form häkeln.

6. Augen annähen. Um die Augen in die gewünschte Position zu bringen, von hinten mit der Nadel in die Kugel stechen und das Auge vorsichtig drehen.

Zehensandalen mit Riesenblüte

SCHWIERIGKEITSGRAD

SIE BRAUCHEN:

- für die Häkelringe und das Fußband Wollreste in verschiedenen Farben in Stärke 3–4
- für den Blütenkranz Wolle in Stärke 2,5
- 2 Häkelringe rund; Durchmesser 39 mm
- 2 Häkelringe flach; Durchmesser 25 mm
- 2 Knöpfe mit Öse
- Nähgarn in passender Farbe zur Wolle
- Häkelnadel Stärke 2,5 (für Ringe und Fußband)
- Häkelnadel Stärke 1,5 (für die Blüten)
- Cutter, Schere
- Pfriem, Näh- und Wollnadel

SO GEHT'S:

1. Große und kleine Häkelringe dicht mit festen Maschen umhäkeln.

2. Für den Blütenkranz mit dem dünnen Baumwollgarn zuerst 3 Luftmaschen in die erste Masche häkeln, dann in jede Masche der Vorrunde je 3 Stäbchen. Die Runde mit einer Kettmasche beenden.

Die nächste Reihe wieder mit 3 Luftmaschen beginnen, dann in jedes Stäbchen der Vorrunde jeweils 3 Stäbchen häkeln. Reihe mit einer Kettmasche beenden. Fäden vernähen.

3. Kleinen Häkelring von hinten in den großen Häkelring schieben und auf der Rückseite ringsum von Hand einnähen.

4. Jetzt einen kleinen Kreis häkeln. Dazu 6 Luftmaschen Anschlagen und mit einer Kettmasche zum Ring schließen.

Die 2. Runde beginnt mit 1 Luftmasche, dann jede Masche der Vorrunde verdoppeln; die Reihe endet mit einer Kettmasche.

Die 3. Runde beginnt wieder mit 1 Luftmasche, dann jede zweite Masche der Vorrunde verdoppeln; die Runde mit einer Kettmasche beenden.

5. Den Knopf mittig hinter den kleinen Häkelring legen und den gehäkelten Kreis aus Schritt 3 dahinterlegen und am Häkelring festnähen.

6. Den Fuß auf die Sohle stellen, die Position für das Zehenband mit zwei Nadeln am großen Zeh markieren sowie die Länge des Fußbandes an den Seiten bestimmen. Das Band in der nötigen Länge und der gewünschten Breite in festen Maschen häkeln (hier wurde eine Bandbreite von 6 Maschen gewählt).

7. Mit dem Pfriem an der vorgenommen Markierung durch die Sohle stechen, dann auf der Gummisohle eine ca. 2 cm langen Schnitt mit dem Cutter vornehmen.

An dieser Stelle wird das Zehenband durch die Sohle mittig angenäht. Der Nähfaden liegt verdeckt in dem Einschnitt der Kunststoffsohle und kann so nicht durchgelaufen werden.

8. Zum Schluss das Fußband seitlich an der Sohle festnähen und die Blüte annähen.

Tipp

Ein gehäkeltes Fußband sollte etwas kürzer gearbeitet werden, da es leicht nachgibt. Alternativ können Sie das Häkelband mit einem Stoffband unterlegen oder ein stabiles Band kaufen oder selbst nähen.

Espadrilles „Romika"

SCHWIERIGKEITSGRAD

SIE BRAUCHEN:

- 100 g Baumwolle in Weiß, LL 85 m; Stärke 5
- Wollrest in Dunkelblau
- Häkelnadel Stärke 3,5
- Nähnadel mit großem Öhr, Stecknadeln
- Schere

SO GEHT'S:

1. Die Schuhe werden in festen Maschen nach der Häkelschrift gehäkelt. Diese gilt für Größe 37. Für andere Größen Maschenprobe anfertigen und Häkelschrift entsprechend anpassen.

2. Das Fuß- und Fersenteil an den Bogenkanten mit festen Maschen umhäkeln.

3. Zunächst das Fersenelement auf den Schuh stecken und annähen, dann das Fußelement. Beim Annähen wird ein ähnlicher Stich wie der Festonstich verwendet, wobei jedoch der Faden beim Durchziehen nicht hinter die Nadel gelegt wird. Zum Schluss die Seitennaht schließen.

Häkelschrift

∩ eine Masche überspringen

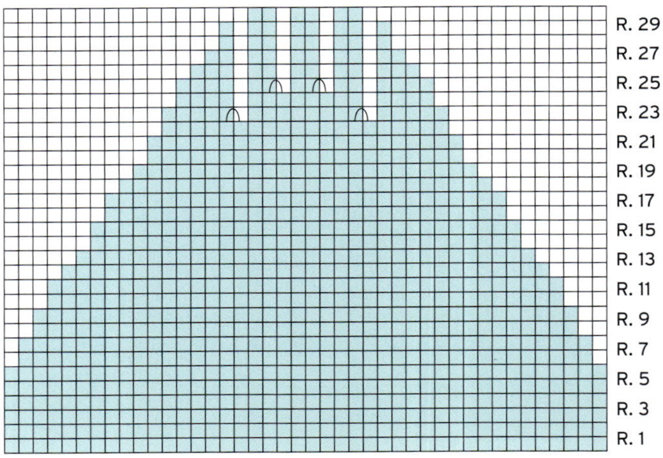

1. Reihe 42 feste Maschen (Gr. 37)
Maschenanschlag 43 Lfm

Sohlenkante

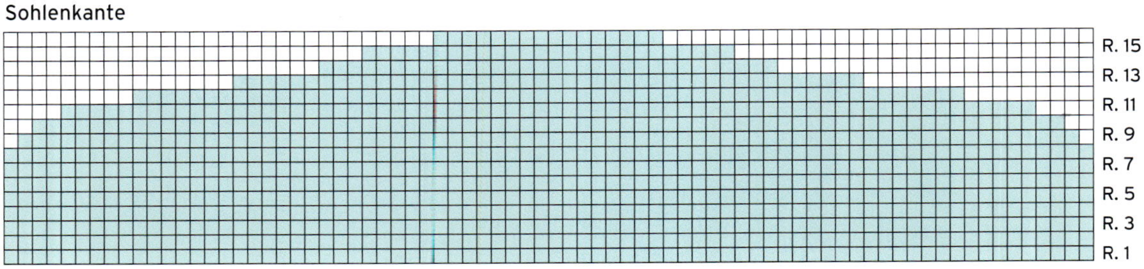

1. Reihe 76 feste Maschen (Gr. 37)
Maschenanschlag 77 Lfm

Sandalen mit Curlborte

SCHWIERIGKEITSGRAD

SIE BRAUCHEN:

- 50 g merzerisierte Baumwolle in Mittelgrau; LL 125 m; Stärke 3–4
- Wollreste in Hellgrau, Beige und Dunkelgrau
- Leinenstoff in Grau (für die Sohle), 25 cm x 30 cm
- doppelseitig klebendes Bügelvlies, 20 cm x 30 cm
- Häkelnadel Stärke 2,5
- Nähnadel mit großem Öhr
- Papier, Stift, Schere
- Maßband

SO GEHT'S:

1. Das doppelseitig klebende Bügelvlies auf den Stoff bügeln, Sohle zweimal gegengleich herstellen (siehe S. 11). Die Stoffsohle auf die Schuhsohle bügeln.

2. Für den vorderen Steg 7 Reihen feste Maschen häkeln (Anzahl der Maschen mithilfe einer Maschenprobe auf den eigenen Fuß abstimmen).

3. Eine Reihe Kettmaschen in Hellgrau mittig über den Steg häkeln. In Beige zwei Reihen Kreuzstiche aufsticken, den vorderen Rand mit Mäusezähnchen in Dunkelgrau verzieren. Den hinteren Rand mit einer Curlborte (Anleitung s. Kasten) ausschmücken.

Das Fußteil unsichtbar aufnähen.

4. Die eigene Ferse ausmessen, das Maß auf die Sohle übertragen.

Jetzt die Maschen in Mittelgrau direkt an der Sohle anschlagen, dann 14 Reihen feste Maschen häkeln. Ab Reihe 8 jeweils eine Masche an den Rändern abnehmen. Kettmaschen, Kreuzstich und Mäusezähnchen wie Fußteil arbeiten.

5. Zwei 75 cm lange Luftmaschenketten für die Bänder anschlagen, eine Reihe feste Maschen darüberhäkeln. Die Bänder an das Fersenelement nähen. Alle Fäden vernähen. Fertig!

Häkelmuster Curlborte

Hinreihe: 1 R fM

Rückreihe: 1 Wende-Lfm, 1 fM in die 1. fM,

*10 Lfm, dann über die Luftmaschenkette zurück 2 fM in die 2. Lfm von der Häkelnadel aus arbeiten.

Je 2 fM in jede folgende Lfm; 1 Kettmasche in die fM am Beginn der Luftmaschenkette.

Jetzt eine fM in die beiden nächsten fM der Vorreihe*

* bis * fortlaufend wiederholen.

Die Borte endet mit einer festen Masche am Ende der Reihe.

Kinderespadrilles mit Motiv

SCHWIERIGKEITSGRAD

SIE BRAUCHEN:

- je 50 g merzerisierte Baumwolle in Rosa, Rot und Blau sowie 100 g in Beige, LL 130 m; Stärke 3-4
- Häkelnadel Stärke 2,5
- Nähnadel mit großem Öhr
- Schere

Diese Modelle werden direkt am Fuß modelliert. Sie sind nicht nur sehr leicht herzustellen, sondern auch sehr komfortabel.

SO GEHT'S:

1. Die Schuhe werden in festen Maschen nach der Häkelschrift gehäkelt. Diese gilt für Größe 26/27. Für andere Größen Maschenprobe anfertigen und Häkelschrift entsprechend anpassen.

2. Die Muster werden wie Jaquardmuster eingearbeitet, die nicht benutzte Farbe wird jeweils locker auf der linken Seite mitgeführt. Die letzte Masche vor einem Farbwechsel nicht in Farbe 1 abmaschen, sondern 2 Schlingen auf der Nadel belassen und mit der 2. Farbe abmaschen. So erhält das Muster seine klaren Konturen.

3. Die Fuß- und Fersenteil auf die Sohle stecken und im Festonstich (S. 13) annähen. Die Seitennähte im Steppstich (S. 14) schließen.

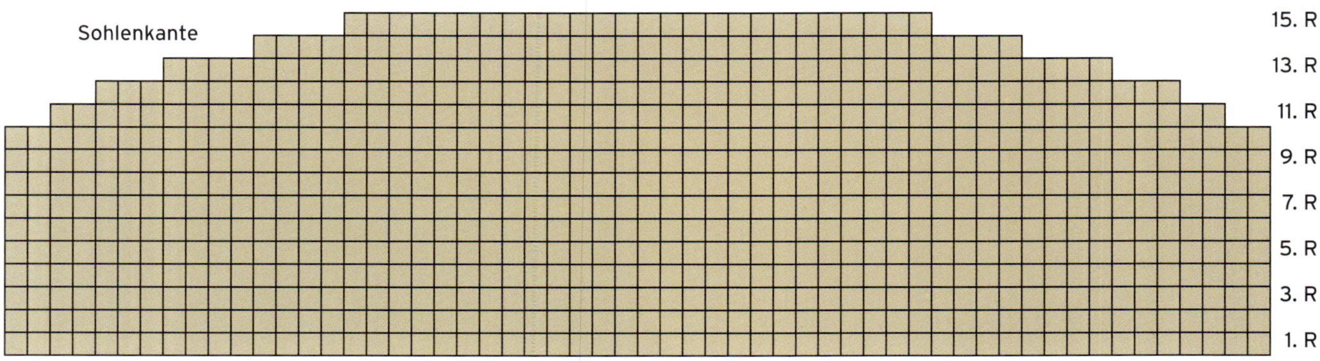

56 feste Maschen Größe 26/27
auf die unterschiedlichen Größen
oder Garnstärken anpassen

∩ eine Masche überspringen

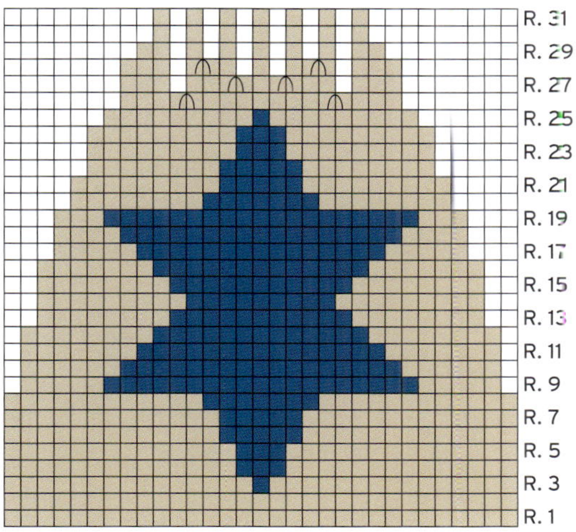

1. Reihe 31 feste Maschen (Gr. 26/27)
Maschenanschlag 32 Lfm

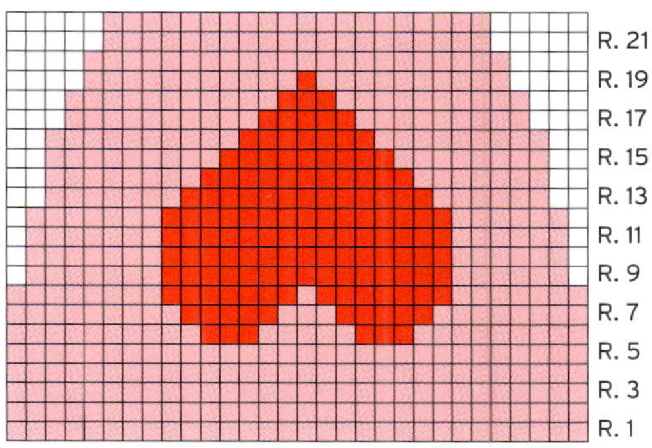

1. Reihe 30 feste Maschen (Gr. 26/27)
Maschenanschlag 31 Lfm

Flechtwerk mit Perlen

SCHWIERIGKEITSGRAD

SIE BRAUCHEN:

- je 45 m Satinkordel, 100% Polyamid, Durchmesser 2 mm, in Kupfer und Braun
- 160 Holzperlen, 15 mm x 7 mm
- Nähgarn in Braun
- Nähnadel mit großem Öhr
- Nähnadel
- Feuerzeug
- Schere

SO GEHT'S:

1. Je Schuh und Farbe die Satinkordel in fünfzehn 1,5 m lange Stücke schneiden. Die Kordeln von der Fußspitze beginnend beidseitig über 2/3 der Sohlenseiten gleichmäßig verteilt in den Sohlenrand einfädeln, dann die Perlen auffädeln.

2. Mit 6 Kordeln an der Fußspitze mit dem Flechten beginnen.

Es wird am eigenen Fuß gearbeitet. Nach und nach je Seite 7 x 2 Kordeln dazunehmen. Ab dem achten Mal einzelne Kordeln zur Seite legen, damit der Strang nicht zu dick wird. Sie werden später gekürzt, siehe Schritt 5.

3. Strang auf Höhe der Fußbeuge teilen. Die Stränge getrennt fertig flechten und abbinden. Dabei entlang des Knöchels (10 cm je Seite) ca. 10 Kordeln herausnehmen (s. Abb.).

4. Die Bindelänge der Stränge dem Fuß anpassen, die Enden fest zusammennähen.

Überlängen abschneiden.

5. Zum Schluss die herausgenommen Bänder kürzen, Perlen auffädeln, einen Knoten hinter den Perlen machen, dann alle offenen Kordeln vorsichtig am Ende abflämmen, um sie zu versiegeln.

1. a

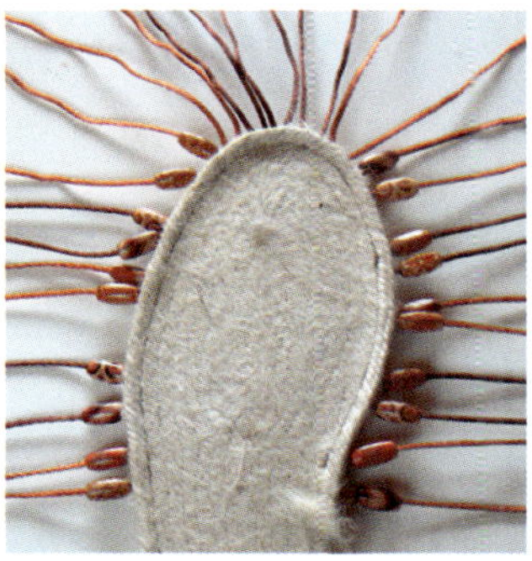

1. b

2

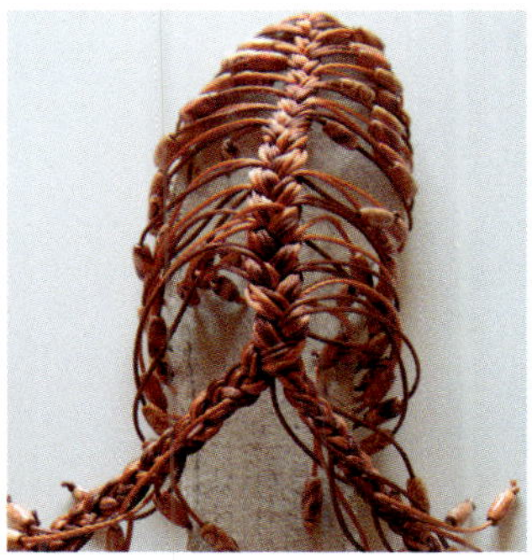

3

Strickliesel-Sandalen

SCHWIERIGKEITSGRAD

SIE BRAUCHEN:

Fußteil:

- 50 g Garn (55 % Baumwolle, 25 % Polyamid, 20 % Seide) in Flieder; LL 125 m; Stärke 3
- farblich passender Wollrest (ca. 8 m), Stärke 6-7

Fersenteil

- Filz- und Stoffrest, je 10 cm x 15 cm
- doppelseitig klebendes Bügelvlies

Außerdem

- Strickmühle oder Strickliesel
- Stopfnadel mit stumpfer Spitze und großem Öhr
- Stecknadeln, Nähnadel, Nähgarn, Bügeleisen
- Textilkleber, Trickmarker selbstlöschend, Schere

SO GEHT'S:

1. Das komplette Garnknäuel mit der Strickmühle zu einem langen Strang verarbeiten.

Dann mit der Stopfnadel das dicke Wollgarn durch den Strang ziehen, um ihn zu verstärken. Die fertige Schnur in zwei gleich lange Stücke schneiden und die Enden verknoten.

2. Die Schnur in 10 Reihen parallel über das Fußteil stecken, dabei mit Stecknadeln fixieren. Länge und Position des Fußteils am eigenen Fuß festlegen. Dann die gesteckten Schnüre am Sohlenrand unsichtbar annähen.

3. Jetzt die Schnur durch die parallel gespannten Stränge weben. Alles schön dicht zusammenschieben. Das Schnurende innen vernähen.

4. Das doppelseitig klebende Bügelvlies auf den Filz bügeln, Trägerschicht abziehen, Stoffrest aufbügeln. Zwei Fersenelmente ausschneiden, diese mit Textilkleber auf die Sohle kleben.

Zum Schluss die Schnürbänder an die Sohle nähen.

Vorlagen

Basisschnitt vorn, Größe 26–35

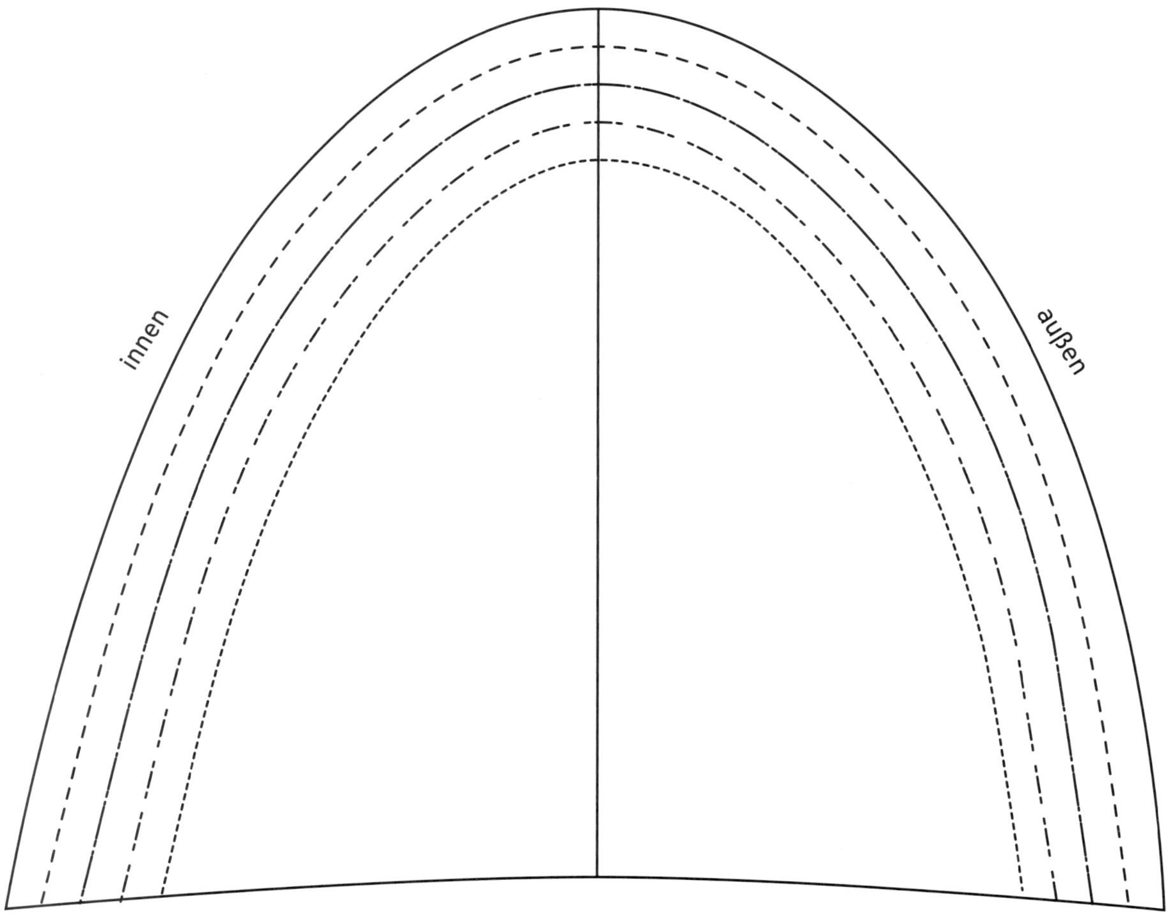

EU 26/27

EU 28/29

EU 30/31

EU 32/33

EU 34/35

Basisschnitt hinten, Größe 26–35

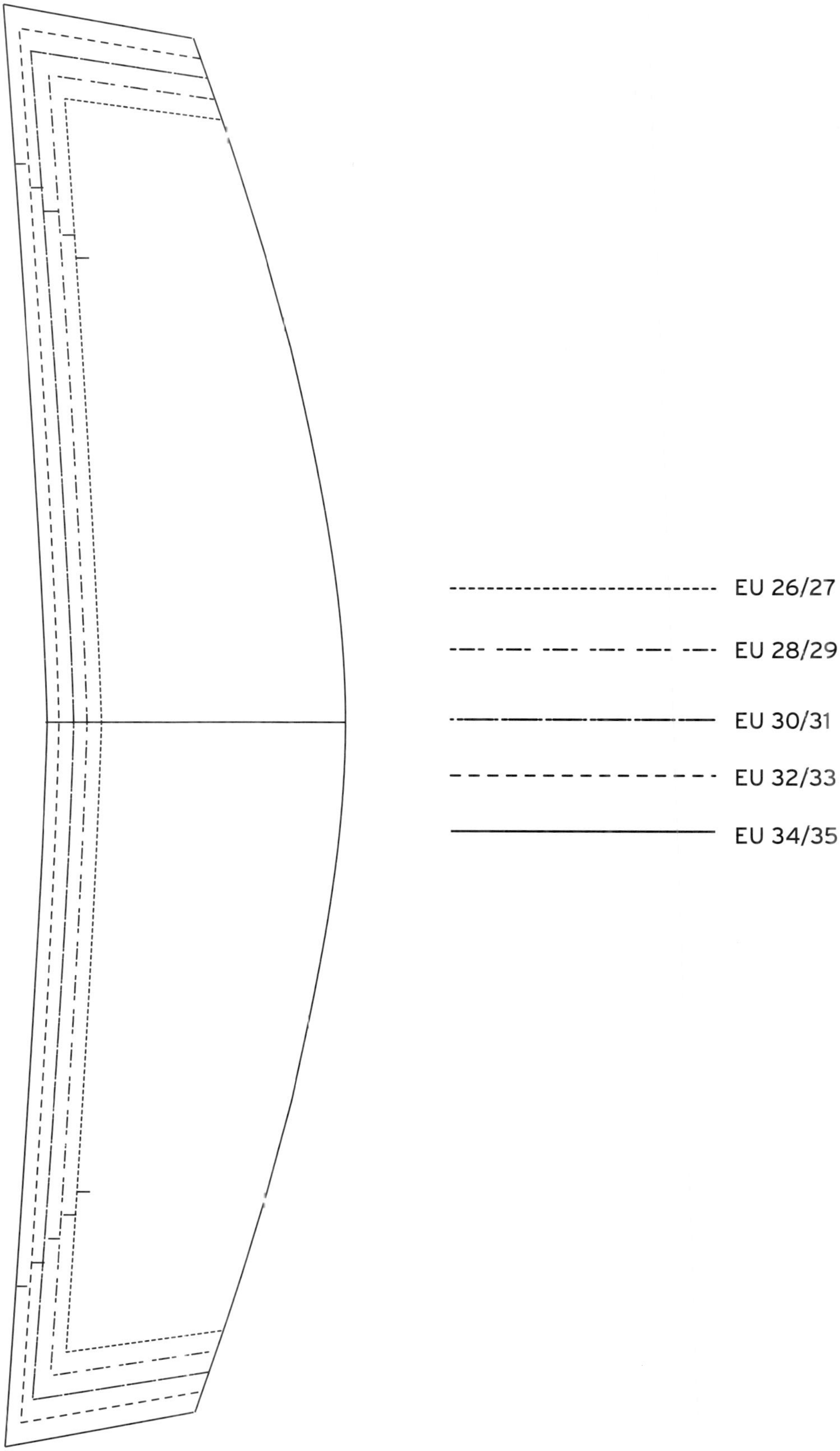

Basisschnitt vorn, Größe 36–45

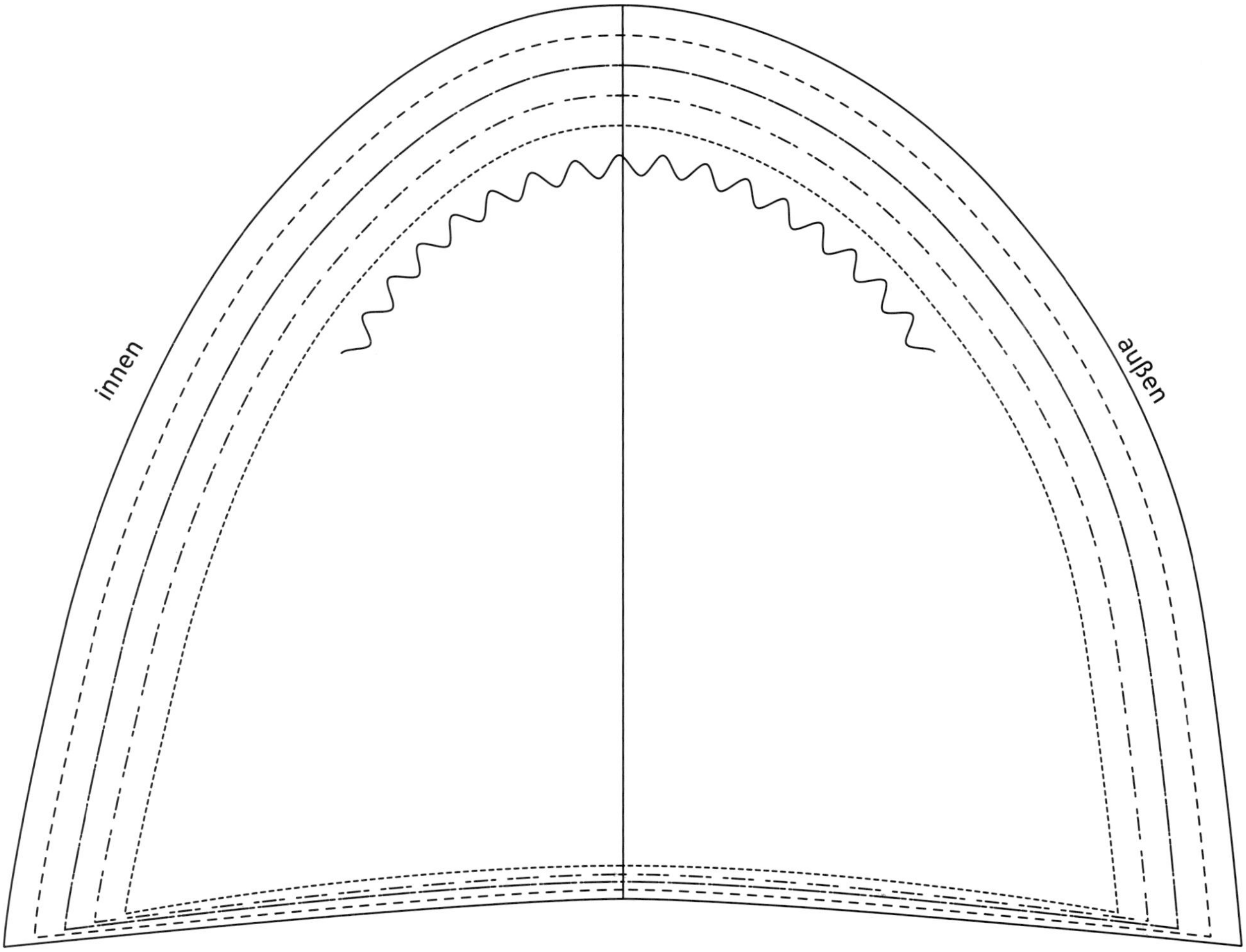

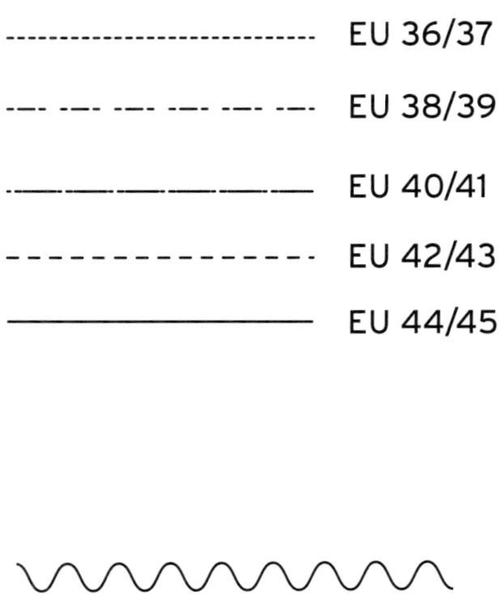

Basisschnitt hinten, Größe 36–45

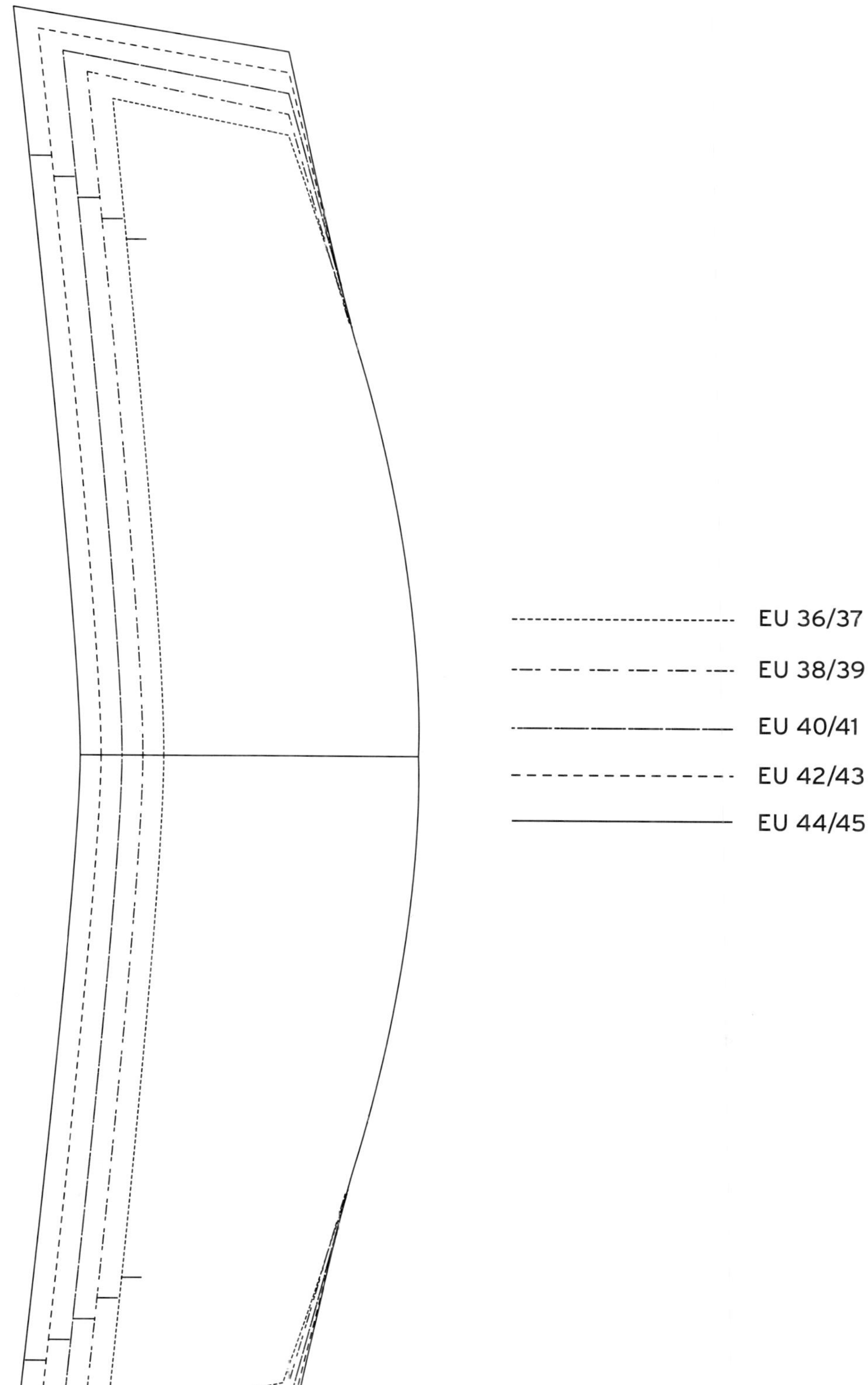

Leder und Leinen, S. 46

Größe 37
Maßstab 1:1
anpassbar

Nahtzugabe 0,5 cm

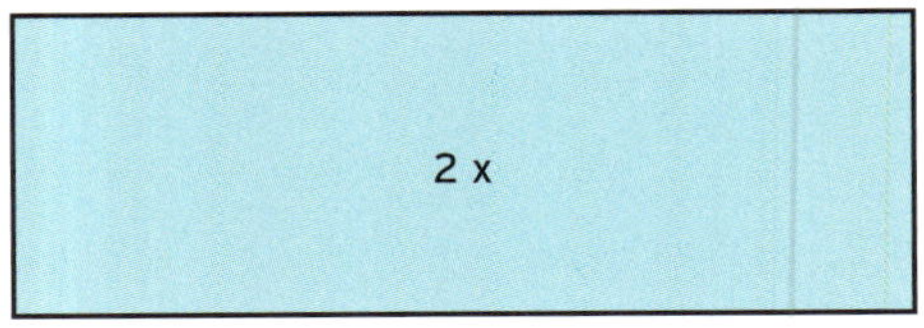

für Fußteil

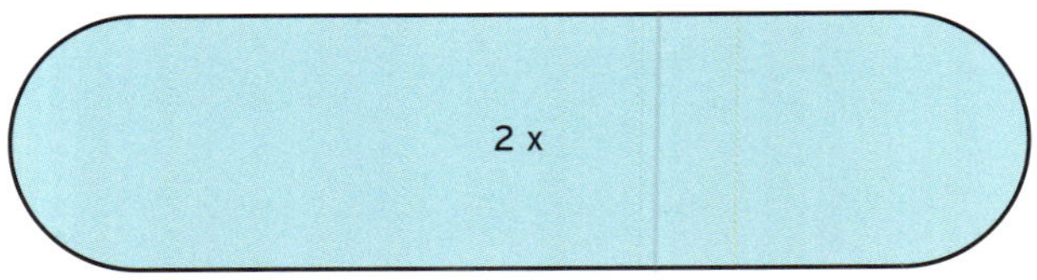

für Fersenteil

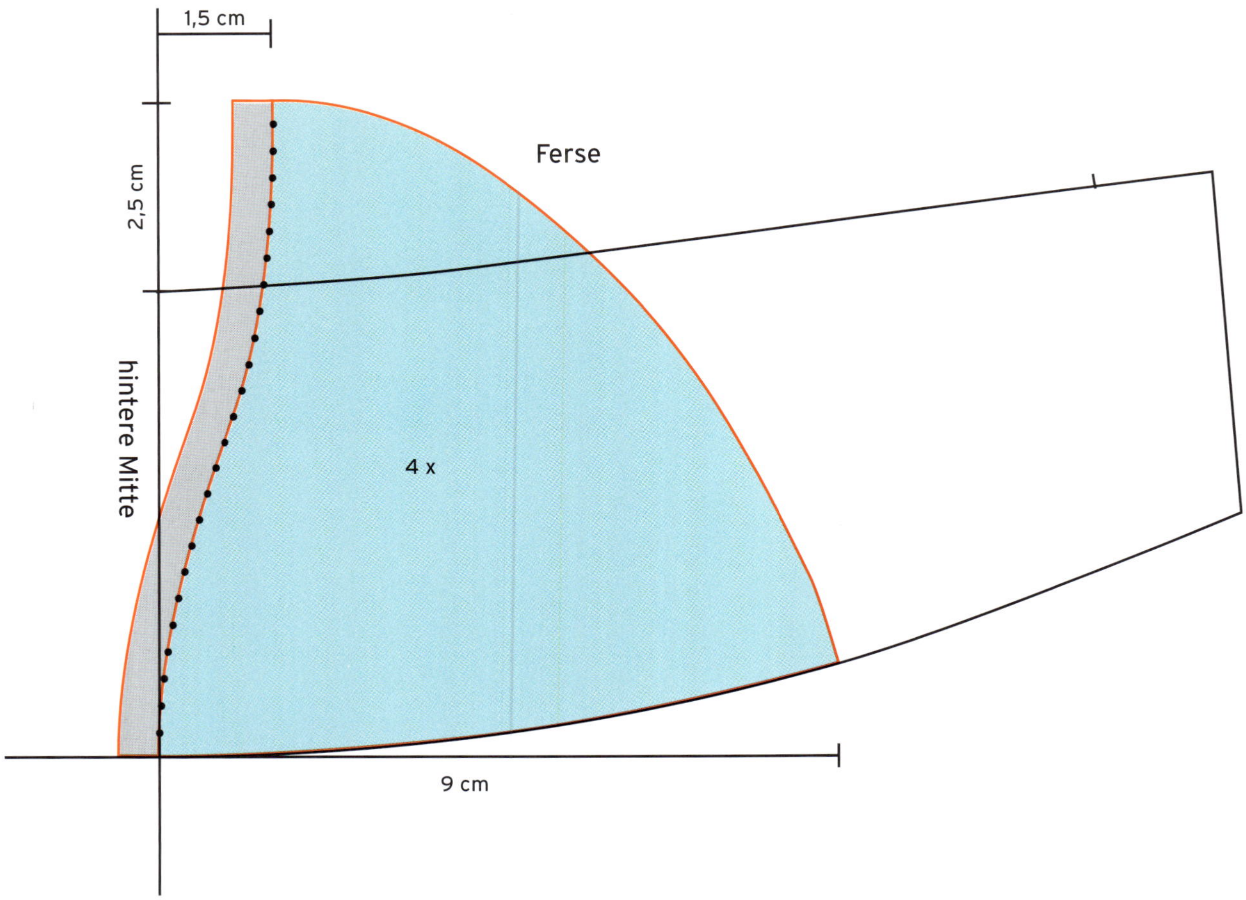

Colorsnaps-Sandalen, S. 48 (auf 200 % vergrößern)

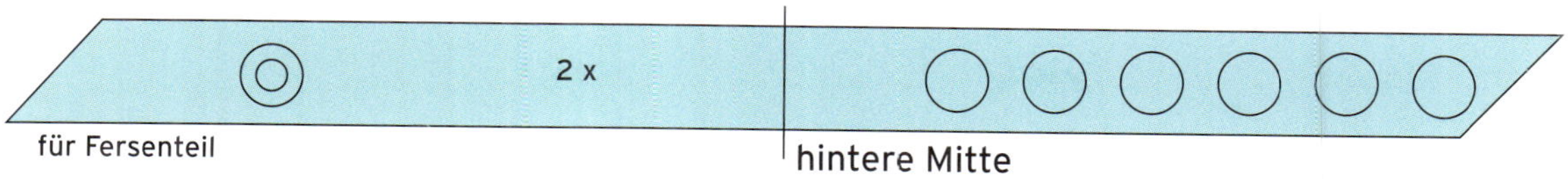

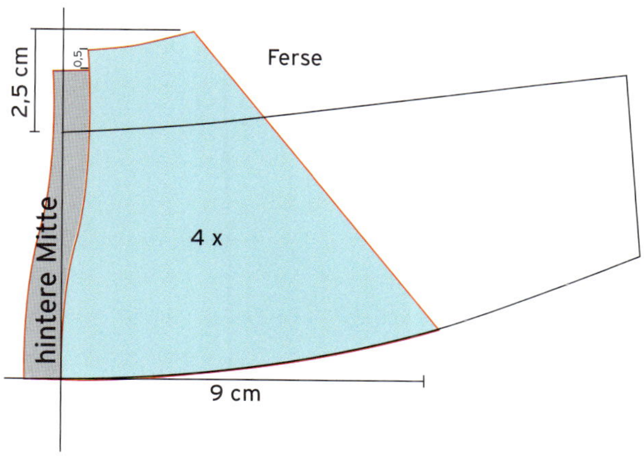

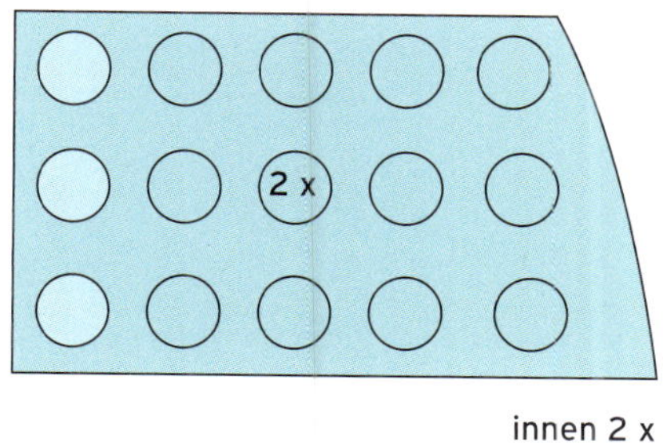

Größe 37
anpassbar

Nahtzugabe 0,5 cm

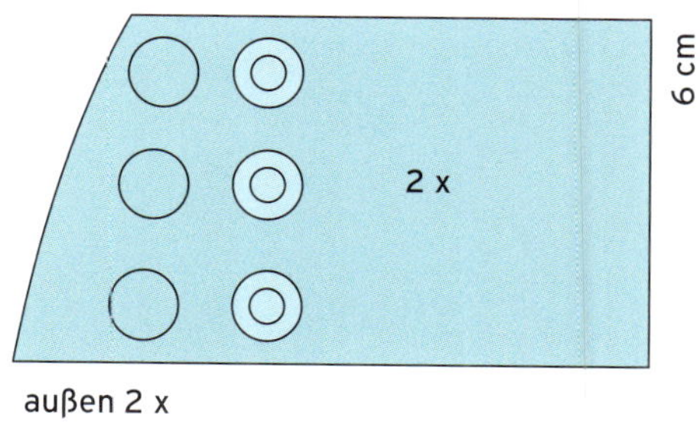

Kinder-Schläppchen, S. 50

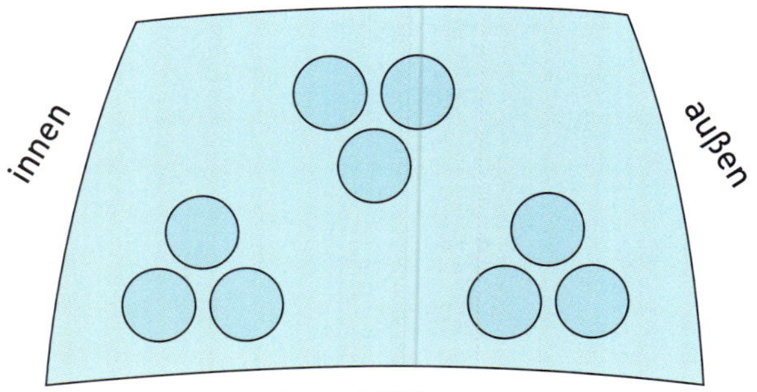

Gr. 26/27

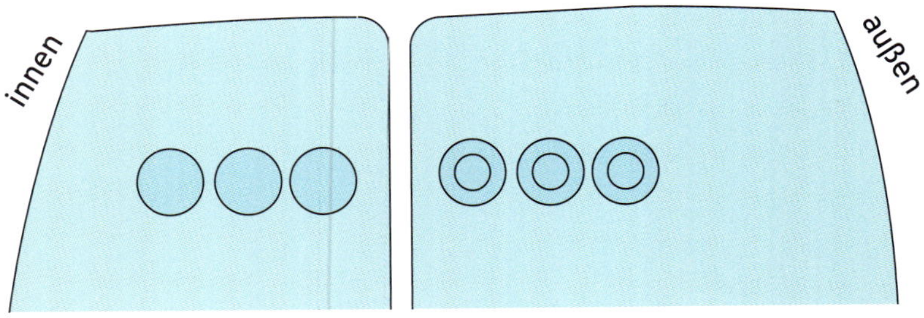

Größe EU 26/27

Bunte Pompon-Sandalen, S. 52

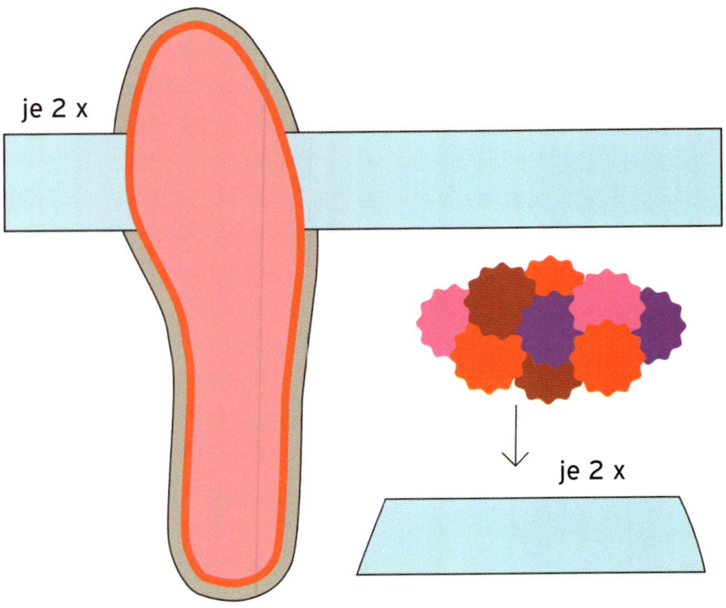

ABKÜRZUNGEN

cm	Zentimeter
fM	feste Maschen
g	Gramm
Lfm	Luftmaschen
li	links
LL	Lauflänge
M	Masche
m	Meter
mm	Millimeter
R	Reihe
RM	Randmasche
re	rechts
Stb	Stäbchen
Wende-Lfm	Wendeluftmaschen

SYMBOLE

Nähen mit der Hand

Nähen mit der Nähmaschine

Häkeln

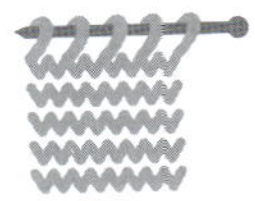

Stricken

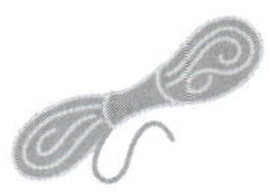

andere Technik

SOHLEN

Espadrilles-Sohlen der Firma Prym sind in folgenden Größen erhältlich:

- Kinder: 26/27 bis 35/36 EU
- Erwachsene: 37 bis 45 EU

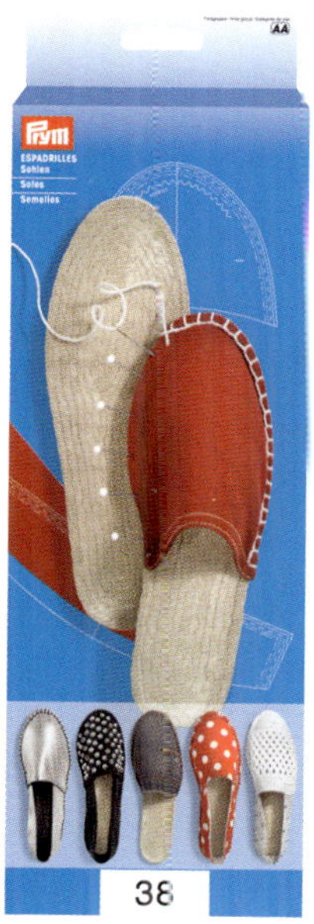

Ideen, Modelle, Schnittvorlagen, Anleitungen und Umsetzung
Petra Hoffmann

Mitarbeit Modellumsetzung
Ruth Greeven
Anke Opfermann

Fotografie und Styling
Petra Hoffmann
Carola Schmitt

Illustrationen
Fotolia.com: © casejustin (Icon Häkeln, Icon andere Techniken), © malexandric (Icon Nähmaschine, Schmuckillustrationen), © rashadashurov (Icon Schwierigkeitsgrad), © wooster (Icon Tippkasten), © ~ Bitter ~ (Icon Handnähen, Icon Stricken)

Danksagung
Ein besonderer Dank gilt der Firma Prym Consumer Europe GmbH für die großzügige Materialunterstützung.

Prym

www.prym-consumer.com